A V I S

AUX BONNES MÉNAGÈRES

DES VILLES ET DES CAMPAGNES,

Sur la meilleure manière de faire leur Pain.

Par M. PARMENTIER.

Travaillez, prenez de la p...
C'est le fonds qui manque le...

La ...

AVERTISSEMENT.

L'IMPRESSION de l'Ouvrage concernant la Boulangerie, que j'ai déjà annoncé, pouvant être retardée encore quelques mois, j'ai cru, en attendant, & pour seconder les vues du Gouvernement, qui daigne honorer mon travail de sa protection, devoir en détacher la partie qui intéresse les personnes que leur goût ou la nécessité déterminent à préparer le pain chez elles. J'ai fait en sorte de parler le langage qui convenoit au sujet que je traite, & aux femmes estimables pour lesquelles j'écris. Si je puis être entendu, si j'ai le bonheur d'être utile, mes vœux sont entièrement remplis.

AVIS

Sur la meilleure manière de faire le Pain.

LA science du ménage est aussi ancienne que
le monde. A peine l'homme eut-il défriché la
terre, qu'il fallut un économe pour conserver
au besoin, & mettre à profit, les présens que
cette nourrice bienfaisante accordoit à ses travaux
& à son industrie. La femme, moins forte, plus
sédentaire & amie de l'ordre, devint naturellement cet économe. Pour démontrer cette vérité,
je pourrois citer, s'il le falloit, des modèles de
bonnes Ménagères dans tous les âges, dans tous
les pays & dans toutes les conditions : encore aujourd'hui combien d'exemples vivans n'aurois-je
pas à présenter ici de femmes aimables qui, se
dévouant spécialement aux opérations intérieures
de la maison, savent allier les devoirs de bien-
séance que leur impose leur rang, avec les soins
multipliés de l'économie domestique, & qui,
occupées du gouvernement de leur ménage, ont
l'art de régner sur tout ce qui les environne par la
douceur, la complaisance & la bonté ! Mais
cet objet, traité avec l'étendue dont il seroit
susceptible, nous éloigneroit trop de notre but

principal, & fa fécondité nous engageroit à faire un Volume, quand nous n'avons intention que de publier quelques pages. Les femmes pour lefquelles nous écrivons, ont moins le temps de parcourir des differtations, que de mettre en pratique de bons & d'utiles préceptes : ainfi la précifion & la clarté doivent toujours régner dans un Ouvrage, où il ne s'agit que de leur indiquer des procédés fimples & faciles, relativement à la nourriture fondamentale.

Comme le pain eft la provifion du ménage la plus effentielle, puifqu'il conftitue l'aliment journalier & indifpenfable à la vie, il nous paroît très-important qu'on fache le préparer d'une manière avantageufe à la fanté; à l'économie & à l'agrément : or voilà tout ce que nous proposons. Le pain qu'on fabrique chez foi, en province, eft prefque toujours aigre, mat & bis, malgré la bonté des grains qu'on y emploie, & revient toujours à un prix fort cher, faute de connoître les moyens économiques de les moudre, & d'en préparer convenablement cet aliment. Je crois avoir remarqué que ces défauts dépendoient d'une farine mal faite, de l'eau trop chaude & des levains trop anciens. J'efpère prouver qu'en employant une meilleure farine, de l'eau froide ou tiède, des levains nouveaux & en plus

grande quantité, on peut, fans augmenter les embarras & les frais, obtenir du blé même le plus
médiocre, un pain favoureux, léger & blanc.

Agréez, refpectables Ménagères, ce petit
effai que je vous préfente, comme un hommage
de ma vénération & de ma reconnoiffance. Je
fais que renfermées au fein de votre famille,
vous ne follicitez aucun éloge & les méritez
tous. Quelle que foit l'opinion vulgaire qui
voudroit vous ridiculifer, continuez toujours
d'être perfuadées qu'il n'y a pas d'occupation
plus noble, ni plus conforme à la Nature, à la
fimplicité, à l'honnêteté des mœurs & au bien
de la fociété, que celle à laquelle vous confacrez
la plupart de vos inftans : que votre exemple
infpire à vos filles le goût du ménage, & les
forme de bonne heure aux talens qu'il faut pour
le conduire avec économie, fi elles veulent
devenir comme vous des femmes honnêtes, des
époufes vertueufes, des mères tendres, des
maîtreffes compatiffantes, en un mot, de bonnes
Ménagères. Heureux celui qui aura l'avantage
de poffeder le cœur d'une femme qui vous
reffemblera !

Du choix du Blé.

TOUTES les efpèces de blé peuvent également donner de bon pain, pourvu qu'on

connoisse les moyens d'en tirer un parti avantageux. Chaque province produit des blés plus ou moins parfaits; mais la farine, pour n'être pas aussi abondante, n'en est pas moins propre pour l'usage auquel on la destine, étant pétrie, fermentée & cuite suivant les procédés dont il sera bientôt question.

Le meilleur blé est sec, dur, pesant, ramassé, bien nourri, plus rond qu'ovale, ayant la rainure peu profonde, lisse & clair à sa surface, & d'un blanc jaunâtre dans son intérieur, qui sonne lorsqu'on le fait sauter dans la main, & cède aisément à l'introduction du bras dans le sac qui le renferme, tous indices qui prouvent son état sec & net.

Le blé inférieur est celui qui s'éloigne des caractères distinctifs dont nous venons de parler; c'est-à-dire, qu'il est plus maigre & plus alongé, d'un jaune plus foncé, léger, ayant l'écorce plus épaisse & plus terne, se cassant plus aisément sous la dent, & offrant dans son intérieur une matière moins serrée & moins blanche.

Les blés médiocres sont encore plus chétifs, plus légers & presque toujours mélangés de seigle, d'orge, de nielle, d'ivraie, de rougeole, de pois gras, qui colorent & diminuent la farine, rendent le pain bis, sans pourtant nuire à sa salubrité.

Les blés altérés fe reconnoiffent bientôt à leur odeur & à leur goût ; il fuffit de les porter fous le nez, ou de les mâcher pour s'en affurer : leur furface d'ailleurs eft prefque toujours haute en couleur, & la matière farineufe qu'ils contiennent, offre un blanc terne.

Le proverbe qui dit *qu'on n'a jamais bon marché de mauvaife marchandife*, ne fauroit être mieux appliqué qu'au blé ; car c'eft toujours une économie mal entendue, que de préférer les blés de moyenne qualité aux bons blés, à caufe de leur cherté : les produits en farine & en pain de ces derniers, dédommagent au-delà de l'excédant du prix qu'on les a achetés.

Les boulangers n'emploient prefque jamais que les plus excellens blés, parce qu'outre qu'ils trouvent du bénéfice dans le produit, c'eft qu'il leur eft encore bien plus facile d'en faire du beau & bon pain : fi quelquefois les propriétaires croient devoir en ufer autrement, c'eft dans des vues d'intérêt, parce que le beau blé eft plus de défaite, & qu'il fe vend plus cher que les blés médiocres. Il eft même utile de confommer ces efpèces de blés médiocres dans les endroits où on les a récoltés, à caufe qu'ils fe gardent & fe tranfportent moins aifément que les blés de première qualité.

De la conservation du Blé.

DES vues particulières d'économie, déterminent souvent les bonnes Ménagères de se précautionner de grain pour la subsistance de leur famille pendant quelque temps : il est bon alors qu'elles soient au fait des moyens les plus praticables, pour mettre leur provision à l'abri des accidens qui pourroient la détériorer.

Avant de porter le blé au grenier, il faut d'abord s'informer des circonstances qui ont accompagné sa croissance & sa récolte ; car c'est l'état où il se trouve après avoir été battu, qui doit régler la nature & les espèces de soins qu'il faut prendre pour sa conservation.

Le blé qui vient d'une année sèche & chaude, quel que soit le terrein ou le climat où il a cru, se garde de lui-même, sans employer presque aucun soin ; mais si la récolte a été au contraire froide & humide, il est essentiel de ne pas le perdre un instant de vue, & de le veiller de près, autrement l'eau dont il a été nourri, concourt bientôt à son dépérissement.

C'est sur-tout au printemps qui succède à la moisson, qu'il faut redoubler d'attention, parce qu'aux premières chaleurs le blé *jette son feu*, fermente, s'altère, & que d'ailleurs c'est le temps où les charançons & autres infectes, cherchent un abri pour dépofer leur poftérité.

Au moyen de quelques précautions employées à propos, on peut mettre le blé à couvert de ces accidens; car dès qu'une fois il s'eft échauffé fortement, ou que les infectes, alléchés par l'odeur, s'y font jetés en foule pour faire leur ponte, il eft bien difficile de rétablir le grain dans fon premier état : il faut donc tâcher de prévenir le mal & de l'arrêter à fa fource.

Choifir de préférence, pour ferrer le bon blé, l'endroit de la maifon le plus frais, le plus fec, le plus éclairé, le plus propre, le plus éloigné des foyers, des latrines, des écuries & autres lieux habités par des animaux; en fermer les fenêtres avec des chaffis en toile, afin de laiffer l'air pénétrer librement; interdire l'entrée aux fouris, aux rats & aux chats, à caufe du dégât qu'ils occafionnent, & de l'odeur que le blé, par leurs émanations, peut contracter; ne pas amonceler le grain en tas trop épais, pour que la tranfpiration qui en réfulte s'évapore; renou-veler l'air dans l'intérieur du tas, & rafraîchir chaque grain, en rémuant à la pelle, & faifant changer par ce mouvement tout le blé de place: telles font les précautions générales à mettre en

ufage, pour foigner & conferver en bon état
fon blé.

Lorfqu'il n'eft pas poffible de fe procurer un
emplacement qui réuniffe les avantages dont il
vient d'être queftion, il faut, au lieu de répandre
le blé fur le plancher, le tenir renfermé dans
des facs de toile lâche & claire, qui permettent à
l'humidité de s'exhaler; ifoler les facs par le moyen
de quelques barres de bois élevées horizonta-
lement à quelque diftance du plancher, pour
que l'air puiffe circuler facilement tout autour :
on auroit foin de les ouvrir quand il feroit fort
chaud, & d'y enfoncer de temps en temps un
bâton, pour produire du froid & favorifer une
évaporation.

Dans le cas où le blé feroit récolté humide,
& que, faute de foins, il fe trouveroit infecté
d'infectes, on pourroit fe procurer une tonne
d'une capacité proportionnée, au fond de laquelle il y auroit, à trois pouces de diftance
du plancher, un chaffis couvert de toile, où
l'on adapteroit un foufflet à long tuyau. Ce
foufflet, étant mis en jeu, feroit paffer une
colonne d'air à travers toute la maffe, qui rafraî-
chiroit le grain, emporteroit avec elle l'humidité
furabondante, l'odeur qu'il auroit contractée,
& obligeroit les infectes de fuir, parce qu'ils

redoutent le froid. Cette manière d'éventer le blé, doit être regardée comme l'étuve du ménage.

De quelques précautions à employer, avant de porter le Blé au moulin.

CE n'eſt pas aſſez d'avoir fait choix du bon blé, de l'avoir ſoigné & conſervé comme il convient, il faut encore qu'il ſubiſſe différentes préparations pour pouvoir être converti en aliment agréable & ſain. Voyons les précautions qu'il exige encore avant d'être porté au moulin.

Quand l'hiver a paſſé ſur le grain nouveau, ſoit qu'il ait acquis toute ſa perfection à la grange, étant renfermé dans l'épi, ou bien que, battu peu de temps après la récolte & porté enſuite au grenier, il ait reſſué & *jeté ſon feu;* il eſt certain qu'alors on peut le faire moudre avec profit, ſans courir aucun riſque.

L'expérience a ſouvent prouvé que les grains, en général, peuvent occaſionner des déſordres dans l'économie animale, lorſqu'on les mange trop nouveaux, & qu'ils viennent d'une année froide & humide. C'eſt même à cela qu'il faut attribuer certaines maladies épidémiques qui ont déſolé quelques-unes de nos provinces ſepten-trionales, ſans qu'il fût poſſible d'en découvrir d'abord l'origine.

On ne fauroit donc trop recommander dans une pareille circonftance, à ceux que la néceffité contraint à fe jeter fur les grains trop nouveaux pour s'en nourrir, de les expofer auparavant à la chaleur du foleil & du four : par cette fimple précaution, facile à être employée par-tout, on opéreroit en un moment tous les effets qui fe paffent à la grange & au grenier dans l'efpace de fept à huit mois; je veux dire qu'on dé-pouilleroit le grain d'une efpèce d'humidité nuifible & particulière, appartenant encore à la végétation, & qui fe trouve en plus grande abondance dans les feigles, à caufe de leur état plus gras & vifqueux que n'eft le blé.

Nous croyons cependant devoir obferver ici, qu'un blé qui réfulte d'une année sèche & chaude, auquel il n'eft arrivé aucun accident pendant fa croiffance, qui n'a pas été nourri d'eau durant la moiffon, & qu'on a tranfporté bien conditionné à la grange; que ce blé, dis-je, n'eft pas dans le cas dont nous parlons, & qu'il demande beaucoup moins de précautions pour être employé après la récolte.

Nous obferverons encore, contre le fentiment reçu, que le blé ne gagne pas autant de fupé-riorité qu'on le prétend, à mefure qu'il vieillit. Il acquiert, il eft vrai, la faculté de fe conferver plus aifément, d'abforber davantage d'eau dans le pétriffage; mais à la fin de la première année de fa récolte, le pain qu'on en prépare n'a plus déjà cette faveur exquife que l'on pourroit caractérifer par *le goût du fruit*, ce qui prouve qu'il a perdu quelque chofe, & que fes principes fe trouvent autrement arrangés & modifiés : ainfi les grains fans être dégénérés, fans ceffer d'être bons & de fournir un aliment falubre pendant plufieurs années, n'ont plus la même valeur du côté de la délicateffe & de l'agrément au bout de douze & quinze mois; mais il n'y a pas de végétaux qui ne fubiffent cette loi de la Nature, & les bonnes Ménagères qui cherchent à fe faire des reffources pour la faifon où la Nature paroît fe repofer, favent que leurs légumes & la plupart de leurs fruits gardés, n'ont plus cet agrément qu'on y rencontre dans la nouveauté.

Quand il ne devroit réfulter de la précaution que nous recommandons de dépouiller les grains mouillés ou trop nouveaux de leur humidité, avant de les porter au moulin, qu'un avantage pour la fanté, ce feroit fans doute une forte raifon pour ne pas négliger de l'employer; mais l'économie y trouvera également fon compte. L'écorce fe détachera plus aifément, on aura infiniment moins de fon, les meules ne feront pas empâtées, ni les bluteaux graissés ; la farine qui en proviendra sera plus abondante, plus parfaite ; elle se conservera infiniment mieux ; boira davantage d'eau au pétrissage, & donnera par conséquent une quantité plus considérable de pain, & de meilleure qualité.

Les blés trop secs ne font pas non plus exempts d'inconvéniens, quand on va les faire moudre en cet état ; mais les précautions qu'ils exigent, font absolument opposées à celles que nous avons indiquées pour achever la maturité & la sécheresse des grains par le moyen du soleil ou du four. L'écorce des blés trop secs, s'écrase plus facilement qu'on ne voudroit ; une partie se réduit en poudre fine, & passe à travers les bluteaux fins, altère la blancheur de la farine & la qualité du pain ; elle occasionne, en outre, un déchet marqué par la poussière légère qui voltige dans le moulin, dans la bluterie, & que l'air emporte avec lui au dehors. Il faut donc restituer à ce blé trop sec, la portion d'humidité que les blés trop nouveaux ou mouillés ont par surabondance.

Sur un setier de blé trop sec, pesant à peu-près deux cents quarante livres, on répand environ dix pintes d'eau, par le moyen d'un arrosoir : on laisse ce blé en tas toute une nuit, afin que chaque grain fe pénètre infenfiblement de l'humidité qui le recouvre. On ne doit faire cette opération que quand on eft prefque sûr de jouir du moulin vingt-quatre heures après, parce qu'autrement, s'il faifoit chaud, le blé ainfi arrofé d'une eau étrangère à celle qu'il contient naturellement, courroit plus vîte encore les rifques de s'altérer. Si l'on néglige cette précaution, le meunier n'y manquera pas, & pourra rendre en eau ce qu'il aura retenu en farine.

Autant que l'on peut, il faut choifir le moment propice pour faire moudre fon blé, & fe précautionner contre les inondations, les gelées & le temps calme, qui arrêtent & fufpendent le mouvement des moulins à eau & à vent. Mais fur cela, comme fur bien d'autres chofes, il eft bon de s'en rapporter entièrement à la prudence de la bonne Ménagère, qui a toujours en réferve de la farine plus que le befoin actuel de la famille ne l'exige, & qui fe laiffe rarement prendre au dépourvu lorfqu'il s'agit de la provifion la plus importante de la maifon, dont elle eft l'agent principal.

Du Blé au moulin.

IL feroit bien difficile de pouvoir indiquer ici les moyens affurés de furveiller le grain, quand il eſt une fois hors du grenier & tranſporté chez le meunier. Le moulin eſt une ſi grande machine, compoſée de tant de pièces, & tellement compliquée, qu'il eſt impoſſible à l'œil le plus pénétrant d'en ſuivre toutes les opérations, & quand il le pourroit, l'éloignement où l'on ſe trouve quelquefois du moulin, l'état de l'atmoſphère ou des eaux, qui ne permet pas toujours de déterminer l'inſtant où l'on moudra, ſont d'autres obſtacles encore qui multiplient les difficultés.

Quand la bonne Ménagère pour ne pas perdre de vue ſon grain, le feroit accompagner par ſa ſervante au moulin, qu'elle s'y rendroit enſuite pour être préſente à la mouture; qu'elles ſe diſtribueroient l'une près de la trémie & l'autre à la huche; le meunier, malgré leur vigilance, peut à ſa volonté, comme un joueur de goblet, à la faveur d'une ficelle, d'un geſte, d'un mot convenu, eſcamoter le blé en haut, en y ſubſtituant un grain de moindre qualité, donner en bas plus de ſon que de farine, & mettre par-là en défaut les regards de ſes argus, ſans qu'il ſoit trop poſſible de voir la manœuvre, & de convaincre de fraude celui qui feroit capable de la faire. A Dieu ne plaiſe que je cherche à rendre ſuſpecte la conduite de qui que ce ſoit !

je defirerois même qu'il fût poffible d'effacer ici toute impreffion défavorable fur le compte du meunier.

Si l'on ajoute à cet inconvénient celui des moulins mal montés, mal entretenus & dirigés fans intelligence, on ne pourra guère fe difpenfer de fentir la néceffité & les avantages qu'il y auroit d'établir le commerce des farines dans tout le Royaume, puifqu'on ne feroit plus expofé à être trompé par la cupidité, la maladreffe & la négligence du meunier : les pertes, les malfaçons feroient toujours à la charge du marchand, qui, par cette raifon-là même, feroit intéreffé à veiller de près la farine, dont la bonté, la blancheur, & la qualité qui en réfultent, ne répondent pas toujours à la qualité du blé.

Le commerce des farines feroit encore l'unique & le plus fûr moyen, de rendre la mouture économique plus générale. Nos marchés feroient alors garnis de farine autant que de blé, ainfi qu'ils le font à Paris depuis une trentaine d'années que les boulangers ont abandonné l'ufage dans lequel ils étoient d'envoyer leur blé au moulin & de bluter chez eux, pour ne plus acheter que de la farine toute prête à être employée.

Si la bonne Ménagère avoit le temps & l'occafion de faire des effais de comparaifon, entre

B

les produits de différentes moutures, nous l'engagerions, nous la folliciterions avec inſtance, à vérifier par elle-même, ſi on lui en impoſe, ſi on exagère, & ſi nous avons d'autres vues que ſa conſervation & ſon économie : elle verroit bientôt combien la mouture économique eſt en état de lui procurer de bénéfice, & que c'eſt un moyen aſſuré & connu, de retirer du même grain un ſixième de plus en farine, beaucoup plus de pain par conſéquent, & d'une qualité ſupérieure à celui qui proviendroit d'un blé encore plus excellent. Pourquoi éprouve-t-on ſi ſouvent cette triſte vérité, que les choſes les plus utiles ſont ordinairement celles qui trouvent le plus d'oppoſition lorſqu'on cherche à les rendre générales ?

En attendant que la mouture économique, perfectionnée & deſirée par tous les bons Citoyens, puiſſe être ſubſtituée aux méthodes défectueuſes de moudre, uſitées dans le Royaume, je ferai remarquer que les produits des moutures ordinaires ne pouvant être déterminés au juſte, parce qu'ils dépendent non-ſeulement de la qualité du grain & de l'eſpèce de moulage, mais encore de la fidélité & de l'intelligence du meunier, comme auſſi de la manière dont ſon moulin eſt monté, il faut de toute néceſſité choiſir

le méunier le plus habile, celui qui joüit de la
meilleure réputation, & se confier aveuglément à
lui : j'en connois d'honnêtes, qui font leur état
avec une probité digne d'éloges.

Si on ne connoît pas suffisamment son meunier, & que par malheur on ait quelque raison
de le soupçonner, il est bon alors de prendre
ses précautions, pour être moins trompé que
faire se peut. Il faudra donc d'abord peser son
blé, cacheter le sac sur la ficelle, être témoin
quand on le verse dans la trémie, & le cacheter
de nouveau après qu'il a été moulu ; continuer de
payer la mouture en argent & non en substance,
c'est-à-dire, en grain ou en farine ; obliger de
rendre poids pour poids, au déchet près, qui
est connu & va tout au plus à cinq livres par
setier de blé pesant deux cents quarante. Voilà à
peu-près la conduite qu'on peut tenir en pareil
cas.

J'avertis encore la bonne Ménagère, de ne
pas abandonner désormais le son au profit de sa
domestique, parce que celle-ci ne veillera pas
à ce que le blé soit moulu à profit ; & que le
meunier, auquel elle aura pu recommander qu'il
fasse en sorte que le son soit abondant & gras,
moudra & blutera mal, donnera beaucoup de
son à la servante & peu de farine à la maîtresse.

Cet ufage eft reconnu tellement abufif, que depuis peu les boulangers de la Capitale ne laiffent plus à leurs garçons les balayeures du fournil, parce qu'ils ont remarqué qu'il y en avoit qui introduifoient dedans de la farine même, pour en augmenter la quantité & le prix : évitons toujours de fournir à autrui des occafions de nous tromper.

De la Farine.

LORSQUE le blé eft revenu du moulin fans être bluté, c'eft-à-dire, le fon & la farine confondus enfemble, il exige d'autres foins, d'autres manipulations, fes propriétés font différentes; enfin ce n'eft plus du grain.

Il ne faut pas répandre fur le plancher, dans le grenier, la farine au fortir du moulin, blutée ou non, ainfi qu'on a coutume de le faire quelquefois pour le blé, auffitôt qu'il eft battu, vanné & criblé, parce que toutes fes parties volatiles & favoureufes, développées par l'action du broiement, s'évaporeroient bientôt, fi on ne la tenoit renfermée dans des facs. La farine en tombant de la trémie dans la huche, perd toute la chaleur qu'elle a éprouvée fous la meule, & l'on ne doit pas craindre qu'elle contracte aucune odeur.

En tenant la farine renfermée dans des facs, & plaçant ces facs dans un lieu tel que nous l'avons défigné à l'article de la confervation du blé, on empêcheroit encore que l'air n'enlève la portion de la farine la plus fine & la plus légère ; que la pouffière qui pourroit s'introduire par la fenêtre, la porte, ou qui tomberoit du haut du plancher, ne fe dépofe à la fuperficie du tas de farine ; enfin, que les rats, les chats & les infectes n'y occafionnent beaucoup de dégâts : de bons obfervateurs ont remarqué que la mite, qui fe met dans la farine répandue fur le plancher à l'air libre, n'entroit pas auffi aifément dans les facs.

Si dans quelques établiffemens où il fe fait une grande confommation de farine, on prétend qu'il foit plus commode de répandre cette mar-chandife fur le plancher, ou fur le carreau d'un magafin, plutôt que de la diftribuer dans des facs, & de l'y tenir renfermée, parce que d'un côté on évite l'embarras & la dépenfe des facs, & que de l'autre on ne court pas autant de rifques de la part des temps humides & chauds, vu qu'on eft plus à même de remuer la farine avec la pelle, de la rafraîchir à volonté par l'air nouveau & froid qu'on y introduit, nous répondrons que c'étoit à la vérité la pratique qu'on fuivoit autrefois dans les magafins & les hôpitaux ; mais qu'on en eft revenu à caufe des inconvéniens qui en font inféparables, pour adopter la pratique dont nous parlons, & qu'il eft démontré que la farine dans les facs s'échauffe moins.

Nous répondrons encore qu'en ifolant les facs de farine de toutes parts, comme nous l'avons recommandé pour le blé, en les tenant ouverts lorfqu'il fait chaud ; en y enfonçant le manche d'une pelle jufqu'au fond, pour y former ce qu'on nomme une cheminée, afin que l'air qui pénètre dans l'intérieur du fac, enlève avec lui une humidité particulière qui tranfpire continuellement des corps végétaux amoncelés, la farine, fi elle vient du blé fec & mûr, fe confervera en bon état. On peut même renouveler ces cheminées de la même manière, en faifant à côté des trous perpendiculaires, depuis l'orifice jufqu'au fond du fac.

Le grain moulu qui n'a pas encore paffé au blutage, rapporté à la maifon, eft brut & groffier, il faut lui enlever le corps étranger qui donne à la farine un toucher rude & un afpect défagréable ; ce corps étranger eft le fon, qui n'eft utile qu'au blé, & que l'on doit foigneufement féparer, parce qu'il ne peut nourrir.

La bluterie, cette partie de la boulangerie si perfectionnée en France, n'a été imaginée que pour cet effet unique.

Mais pour procéder avec avantage à la séparation du son, des farines, il faut faire en sorte de choisir quand on le peut un temps favorable & suffisamment sec; car, lorsque l'air se trouve chargé de beaucoup d'humidité, celle-ci s'attache aux bluteaux, qui ne laissent pas passer toute la farine; laquelle se détache difficilement du son : cet inconvénient n'a pas lieu au moulin, lorsqu'on blute en même temps que l'on moud.

Je crois que c'est une erreur de penser qu'il faille laisser séjourner un certain temps l'écorce du blé dans la farine, sous le prétexte qu'elle la conserve & la bonifie. Il est démontré, au contraire, par une multitude d'expériences que le son s'échauffe & s'altère plus promptement que la farine, qui prend à la longue de l'odeur, de la couleur, & particulièrement une saveur que l'on distingue par le nom de *goût de son*, ou *de bis* : d'ailleurs, c'est une maxime parmi les Commerçans, que les farines s'échauffent d'autant plus aisément qu'elles sont plus bises; c'est-à-dire, qu'elles contiennent plus de son.

Le son ne doit donc rester mélangé avec la farine, que le temps nécessaire pour que la farine qui y adhère s'en détache & se désunisse infensiblement : ce temps est à peu-près l'affaire de huit jours en été, & le double en hiver.

- Comme il faut tirer parti de tout, & notamment du grain, qui sert aux objets de première nécessité, on remarquera que le son appartenant à un blé humide, moulu & bluté dans cet état, pourroit retenir beaucoup de farine, qui ne se détache que quand il acquiert de la sécheresse ; il conviendroit de le passer de nouveau aux bluteaux avant de l'employer, afin d'en séparer cette farine qui pourroit entrer dans la composition du pain des domestiques.

On retire ordinairement du même grain plusieurs espèces de farines qui varient en blancheur, en finesse, en pesanteur & en propriété : elles sont connues dans le commerce sous différentes dénominations, & ne doivent leur existence qu'à la manière dont elles ont été moulues & blutées.

Il n'y a pas de méthode de moudre qui fasse plus d'espèce de farine du même grain, que celle par économie, parce qu'on moud & remoud, que l'on rend à part les différens produits qu'on obtient, soit en farine, soit en son.

On distingue dans la mouture économique, cinq sortes de farines, & rien n'est plus avantageux que d'extraire ces farines à part : elles ont chacune des propriétés particulières, & propres à former un bon tout, un pain meilleur, plus fubftantiel, plus nourriffant que celui qui réfulteroit de chaque efpèce de farine prife féparément : toutes ces farines devroient donc être employées la plupart du temps enfemble, & un pareil mélange mériteroit à jufte titre le nom de *farine de ménage.*

Me voici ramené, comme malgré moi, à dire encore un mot fur les avantages du commerce des farines & de la mouture économique : ainfi je terminerai cet article par une nouvelle réflexion à ce fujet. La bonne Ménagère ne pourroit que trouver un bénéfice affuré en vendant fon blé, pour acheter de la farine à la place, parce que quand elle fait moudre, elle ne s'attache point à connoître d'une manière pofitive le produit en farine & en fon qu'on lui rend de fon grain; elle n'en a pas même le moyen, puifque fouvent elle eft à la difcrétion du meunier, tandis que la farine qu'elle auroit payée au poids, lui donneroit la facilité de juger, d'après un calcul exact, le prix auquel lui reviendroit fon pain, fans compter qu'elle n'auroit plus l'inquiétude du foupçon, la peine de foigner la mouture, l'attirail des bluteaux, les gênes continuelles de vider & de remplir les facs, tous embarras qui occupent

& partagent ſon temps quelquefois en pure perte. Nous verrons dans l'inſtant que la bonne Ména-gère ſeroit encore moins expoſée à être trompée par les marchands de grains, parce que la farine a des caractères frappans, difficiles à méconnoître pour l'œil le moins exercé.

Des moyens propres à faire connoître la qualité de la farine.

RIEN de plus ſpécieux en apparence, que de dire que la farine ſubſtituée au blé dans le commerce, donneroit lieu à de nouveaux abus d'autant plus dangereux, qu'il ſeroit difficile & peut-être même impoſſible de s'aſſurer des mélanges de toutes ſortes d'ingrédiens, qu'on auroit pu mettre en uſage pour la falſifier & l'alonger: mais l'expérience prouve le contraire; & j'oſe aſſurer que la farine a des caractères diſtinctifs de bonté & de médiocrité, comme le grain qui la produit.

S'il s'agiſſoit d'indiquer ici toutes les manières par leſquelles on éprouve la farine, il ſeroit néceſſaire de citer la pratique de ceux qui ont continuellement ſous les yeux cette marchandiſe, puiſque les fariniers, les meuniers & les bou-langers ont chacun la leur, indépendamment de l'habitude qu'ils ont preſque tous, pour juger à la première infpection de la farine, quelle eft l'efpèce & la qualité du grain d'où elle provient; mais il nous fuffira de rapporter les marques les plus fenfibles, qui peuvent fervir comme de pierre de touche à la bonne Ménagère, pour connoître la valeur de la farine.

Nous lui avons déjà défigné les bonnes & les mauvaifes qualités du blé, faifons-en autant pour la farine.

La meilleure farine eft d'un jaune citron, sèche, grenué, pefante; elle s'attache aux doigts, & preffée dans la main elle refte en une efpèce de pelotte: pour juger de fa bonté d'une manière encore plus exacte, il faut en faire une boulette avec de l'eau, fi la pâte qui en réfulte, après l'avoir bien maniée, s'affermit promptement à l'air, prend du corps & s'alonge fans fe féparer, c'eft un figne alors qu'elle eft bien faite, & que le blé qui l'a fournie eft de la meilleure qualité.

La farine de moyenne qualité a un œil moins vif, elle fait une pâte qui mollit & tient aux mains; elle eft courte & fe rompt volontiers lorfqu'on veut l'étendre.

Quant aux farines altérées, elles s'annoncent affez par leur odeur qui eft ordinairement aigre ou infecte, odeur qui pourroit être mafquée dans le grain, mais que les meules ne manquent pas de développer.

On peut encore pour connoître la qualité de la farine, employer le moyen suivant: prenez une livre de farine, formez-en une pâte avec une suffisante quantité d'eau, maniez ensuite cette pâte pendant un demi-quart d'heure, puis tenez-là entre les mains sous le robinet d'une fontaine, d'où fort un filet d'eau qui, en passant sur la pâte, doit traverser un tamis, afin que s'il se détachoit quelque chose de la pâte on pût l'y incorporer; dès que l'eau aura entraîné avec elle toute la matière farineuse, & qu'elle cessera d'être blanche, il restera dans les mains une substance colante, qui en s'étendant présente une membrane transparente, qui ne s'attache pas aux doigts mouillés. On pèse cette matière, & s'il s'en trouve entre quatre & cinq onces, on peut conclure que c'est la meilleure farine.

Moins la farine fournira de cette matière colante, moins aussi elle aura de qualité; je dis toujours la farine, parce que le blé pourroit en contenir beaucoup & la farine n'en donner que très-peu. Le meunier en moulant mal laisse beaucoup de gruau dans les sons, diminue d'autant la valeur & la bonté de la farine, ainsi que la proportion de cette matière colante, qui n'eft jamais abondante dans les blés niellés, dans les blés humides & dans les moutures vicieufes.

Outre que l'abondance de la matière colante eft un caractère de la bonne qualité de la farine, elle peut fervir encore à faire reconnoître leur mélange & leur détérioration, puifque cette matière colante ne fe rencontrant que dans la farine qu'on retire du blé, tous les ingrédiens qu'on y ajouteroit diminueroient fa quantité.

J'ai déjà avancé que la connoiffance des farines étoit pour le moins auffi facile à acquérir que celle des grains qui les avoient produites, ce qui m'a engagé à ajouter que la bonne Ménagère ne feroit pas plus expofée à être trompée de ce côté; en effet, fi les commerçans pouvoient jamais fe permettre d'introduire dans les farines de la craie, du plâtre, &c. il fuffiroit de les délayer à grande eau ; ces matières étrangères fe dépoferoient bientôt en fe préfentant telles qu'elles font. Il feroit bien aifé encore de s'en apercevoir, ainfi que je l'ai déjà dit, en faifant avec ces farines du pain qui feroit lourd & maffif: mais enfin, plus la farine contiendra de matière colante, plus elle fera d'un bon travail, rendra de pain & de bonne qualité.

De l'eau dans le pain.

L A bonté du pain ne dépend nullement de la qualité des eaux avec lefquelles on le fabrique, c'eft le degré de chaleur qu'on leur donne qui y contribue; les expériences que j'ai faites dans quelques endroits où cette opinion étoit le plus en vogue, ne me permettent plus de douter de cette vérité.

Toutes fortes d'eaux, pourvu qu'elles foient potables, peuvent fervir indifféremment à la préparation du levain, au pétriffage de la pâte & à la fabrication du pain; ainfi l'eau de puits, l'eau de citerne, l'eau de fontaine, l'eau de rivière & l'eau de pluie, ne préfentent dans la fermentation & la cuiffon de cet aliment, aucune nuance de légèreté; de blancheur & de faveur, capable d'en défigner la nature, l'efpèce & l'origine.

On auroit peine à fe perfuader combien l'idée dans laquelle on eft en province que l'eau fait le pain, combien, dis-je, cette idée nuit à la bonté de cet aliment; lorfqu'il eft mauvais on ne s'en prend jamais à l'imperfection du moulage ou à l'ignorance du fabriquant, c'eft toujours fur la qualité des eaux qu'on fe rejette, & l'im-poffibilité de s'en procurer d'autres, accoutume insensiblement à une nourriture défectueuse, qu'on pourroit facilement rectifier si l'on n'étoit pas trompé sur les véritables causes.

Les Auteurs qui sont continuellement disposés à expliquer des phénomènes qui n'existent point, & à perpétuer des erreurs qui n'ont aucune vraisemblance, devroient bien vérifier si leur opinion est fondée avant d'en faire part, & ne pas désigner toujours l'eau où cuisent les légumes & qui dissout parfaitement le savon, comme la seule propre à fabriquer du bon pain, puisque la plupart des boulangers de la Capitale, se servent de l'eau de puits, qui n'a précisément aucune des propriétés qu'ils exigent; on ne disconviendra pas cependant que le pain de Paris, ne soit un des meilleurs qu'on mange en Europe; c'est donc le degré de chaleur qu'on donne à l'eau qui produit tout l'effet.

Je ne conteste pas que dans quelques Arts, l'eau ne puisse avoir de l'influence; mais ce n'est pas ici le lieu d'en donner la raison : j'observerai seulement que l'air concourt davantage à la qualité & à la saveur d'une eau qui n'est pas dans la classe des eaux minérales, que la petite quantité de matière saline & terreuse, très-souvent insipide qui s'y trouve en dissolution.

L'eau en s'unissant avec la farine dans le

pétriſſage, lâche ſon air lorſque la pâte fermente
& qu'elle éprouve la chaleur de la cuiſſon, à
peu-près de la même manière que ſi on la faiſoit
chauffer, en ſorte qu'elle a beau être légère
avant de s'être corporifiée avec la pâte, elle
ſe trouve par ce moyen, aſſimilée à l'eau la plus
peſante : il ſeroit bien impoſſible aux buveurs
d'eau de deviner l'eſpèce qu'ils boiroient, ſi elles
étoient toutes dans l'état tiède.

On peut établir en général, que l'eau doit
être employée dans la fabrication du pain ſous
trois états, 1.° telle qu'elle eſt quand il fait
chaud, 2.° tiède en hiver, 3.° enfin, chaude
dans les grandes gelées ; mais on a remarqué
qu'il réſultoit toujours de la même farine, trois
qualités de pain différentes, & que la meilleure
étoit conſtamment celle qui avoit été pétrie à l'eau
froide. Le pain à l'eau froide ou tiède, ſera
toujours plus délicat que celui à l'eau chaude.

Beaucoup de gens de la campagne, ſont
dans l'uſage de faire bouillir la totalité de l'eau
qu'ils veulent employer pour préparer leur pain :
j'en ai vu courir le village, pour chercher un
vaſe aſſez grand pour la contenir ; mais il ſuffit
d'en faire bouillir une partie, & de la mêler
enſuite toute bouillante avec l'autre qui eſt

froide,

froide, d'où il réfulte une eau à la température que l'on defire.

Que l'on fe donne bien de garde fur-tout de verfer fur le levain de l'eau bouillante, même dans le temps où le grand froid rend l'eau chaude néceffaire, dans l'intention de la tiédir auffitôt par le mélange de l'eau froide, parce qu'elle furprendroit la pâte, la rendroit grife, molle, lui ôteroit de fa fermeté & de fa confiftance; c'eft fans doute comme céla qu'il faut entendre les mauvais effets que l'on attribue fans preuve à l'eau qui a bouilli, on a voulu dire l'eau bouillante. Mais comme dans les temps chauds & dans certains endroits, l'eau pourroit contenir des infectes ou des œufs, on ne devroit jamais l'employer fans la paffer à travers un tamis de crin ferré.

Du Levain.

L E levain eft la partie la plus effentielle, la plus délicate & la plus difficile de la fabrication du pain. Cet aliment fans lui ne feroit autre chofe qu'une galette plate, vifqueufe, indigefte & fans goût.

Le procédé que l'on fuit dans la préparation du levain, la quantité qu'on en introduit dans la farine, l'état de fermentation où il fe trouve

C

à l'inftant même qu'on va l'employer, la néceffité de le veiller & de le conduire dans le
pétrin, font autant de points d'où dépendent la
légèreté, la blancheur, le volume & le bon goût
du pain : arrêtons-nous un inftant fur chacun
de ces points, ils méritent bien qu'on s'y rende
attentif. Je garantis qu'après cela on pourra faire
avec le grain le plus médiocre, de très-bon
pain.

Je l'avoue, & je dois en prévenir la bonne
Ménagère, ce que je vais expofer dans cet article & dans ceux qui fuivent, eft abfolument
contraire aux principes qu'elle a adoptés, &
aux ufages qu'elle fuit; mais j'efpère qu'avant
de juger, elle voudra bien exécuter à la lettre,
fans préoccupation. Je me flatte qu'enfuite elle
renoncera à fon antique routine, avec les regrets
de ne pas l'avoir abandonnée plus tôt. Faifons en
forte de la rapporter ici en abrégé cette antique
routine : les femmes intéreffantes auxquelles je
m'adreffe, méritent d'être éclairées fur cet objet,
& non critiquées.

Le levain de la dernière fournée, lorfqu'on
eft fur le point de s'en fervir, a quelquefois huit
jours, & même plus, fuivant la grandeur du
four, le nombre des confommateurs, l'ufage &
le goût du pays. Le foir, la veille de la cuiffon,

on dépose ce levain dans un enfoncement préparé au milieu de la farine destinée à être convertie en pain , on le délaye , dans toutes les saisons, avec de l'eau chauffée au point qu'on n'y sauroit tenir la main : on y mêle peu-à-peu la farine circonvoisine , qui fait à peu-près le douzième de la totalité de celle qu'on se propose d'employer : on en forme une pâte molle qu'on laisse reposer toute la nuit dans le pétrin , & qu'on tient chaudement couvert : le lendemain matin on le trouve presque toujours crevassé à la surface & dans les côtés , affaissé & aplati, ayant coulé de toutes parts par rapport à son peu de consistance & à son trop grand apprêt. Il exhale alors une odeur aigre très-sensible ; enfin il est passé.

C'est cependant avec un levain de cette espèce que l'on se propose de faire le pain. Que peut-on espérer du meilleur grain & de la plus belle farine lorsque le fondement de tout l'édifice est manqué ! lorsqu'on continue toujours d'agir sans principes, que l'on pétrit sans soin avec de l'eau très-chaude , que la pâte est mal tournée , qu'on l'enfourne trop tôt ou trop tard, sans être jamais à son vrai point ; enfin quand le four est mal construit , & qu'il n'est pas chauffé au degré qu'il convient !

· Tandis que la bonne Ménagère fait l'impof-
fible pour n'employer qu'un levain bien vieux,
c'eft-à-dire, extrêmement aigre & fans force,
le boulanger ne paroît occupé que des moyens
de fe procurer tout le contraire, c'eft-à-dire,
un levain nouveau & vineux : il met de côté,
dès le matin, un morceau de pâte, à laquelle il
ajoute plufieurs fois dans le cours de la journée,
jufqu'à cinq fois, de nouvelle farine, ce qu'il
appelle *rafraîchir fon levain*, afin que trois heures
avant de pétrir, ce levain, formé ainfi en différens temps, foit fpiritueux & produife tout
l'effet defiré : mais il s'agit moins de parler des
foins multipliés que le boulanger adroit, vigilant
& actif emploie pour préparer & conduire fon
levain, que d'indiquer ici à la bonne Ménagère
les moyens fimples qui font le plus à fa portée,
& les plus conformes à fes occupations, pour
mettre, en peu de temps & avec moins d'ap-
pareil, le levain dans le véritable état où il doit
produire l'effet qu'on defire.

De la préparation du Levain.

Tout eft important dans la fabrication du
pain; mais le plus effentiel réfide particulièrement dans la préparation & l'emploi du levain,

c'eſt la partie de la boulangerie qui demande le plus d'attention, d'intelligence & d'expérience.

Si nous ſuivions ici le boulanger dans la conduite qu'il tient pour ſoigner le levain, nous le verrions tout le jour, épiant, preſque ſans diſcontinuer, ce qui s'y paſſe ; mais il ſeroit ridicule d'impoſer à la bonne Ménagère, la même gêne & le même travail, elle n'a pas comme lui, un intérêt marqué à la grande perfection de ſon pain, pourvu qu'il ſoit bien fabriqué, qu'il ait toutes les qualités requiſes, cela doit ſuffire ; ainſi loin de la gêner, nous avons cherché même à ne pas la déranger dans l'uſage des heures qu'elle a choiſies pour pré-parer ſon levain, pétrir ſa pâte & cuire ſon pain.

La veille où l'on doit cuire, on prendra le levain de la dernière fournée, que l'on délayera le ſoir avant que de ſe coucher, dans le tiers de farine deſtinée à être employée en pain avec l'eau froide ; on formera du tout une pâte ferme, qu'on laiſſera toute la nuit dans le bout de la huche ou du pétrin, entourée de farine qu'on élèvera & que l'on foulera afin qu'elle ait plus de ſolidité, & qu'elle contienne mieux le levain dans ſes limites.

Si la bonne Ménagère étoit curieuſe d'avoir encore un pain plus léger, plus blanc & plus parfait, elle pourroit, au lieu de commencer à faire pétrir sa pâte à six heures du matin, différer jusqu'à neuf heures, & délayer son levain de la même manière que la veille, en tenant cependant sa pâte plus douce, moins ferme; il n'y auroit que du retard, avec l'avantage d'avoir un pain plus savoureux, sans augmentation d'embarras ni de dépense. Dans la fabrication du pain, on ne peut pas établir de règles fixes & invariables; il n'y a rien qui soit plus assujetti aux vicissitudes des saisons, que la pâte qui fermente dans les grands froids. Il faut employer pour le levain de l'eau un peu chauffée, mettre ce levain dans une corbeille bien couverte auprès du feu : voilà pour l'hiver. En été, dans les grandes chaleurs, on fait ce levain avec l'eau froide, que l'on met également dans une corbeille, & que l'on expose ensuite à la cave ou dans un lieu très-frais.

En préparant le levain comme je viens de l'indiquer, jamais il n'est aigre, mat, déchiré & coulant. L'état ferme que je lui donne, l'eau froide avec lequel il est formé, la quantité de farine qu'on y emploie, l'espèce de muraille établie tout autour, font tout autant d'obstacles que j'oppose au travail trop prompt de la fermentation, & à l'apprêt du levain qui en est la suite; j'en ralentis pour ainsi dire l'effet,

& j'opère par ce moyen en sept à huit heures, ce qui arriveroit en trois heures avec l'eau tiède ou chaude, une pâte molle & moins de farine.

La bonne Ménagère, persuadée que le levain le plus aigre est le meilleur à employer, parce qu'elle prétend qu'il a plus de force, accourt chez le boulanger, quand elle a oublié de mettre en réserve une portion de la pâte de sa dernière fournée, demande un morceau de levain le plus vieux; mais combien elle se trompe! la pâte qui est assez levée pour être enfournée lui conviendroit infiniment mieux, que le levain aigre & passé qui fait l'objet de ses vœux; les boulangers ont beau lui dire ce proverbe si commun parmi eux : *Vieilles remouillures & jeunes levains donnent de bon pain,* elle est indocile à leur voix, & n'écoute que celle du préjugé qui la maîtrise dans ce moment.

En supposant que le levain se trouve passé, malgré les précautions que je recommande, soit parce qu'il seroit survenu quelqu'orage pendant la nuit, ou quelqu'autre circonstance imprévue, alors on pourroit suivre ce que j'ai dit, rafraichir ce levain avec la moitié de son poids de farine, de l'eu froide ou tiède, & l'employer trois heures après.

On dit & on répète, sans avoir fait aucun

essai, que quand le levain est très-vieux & qu'il a beaucoup d'aigreur, il n'est plus propre à faire lever la pâte; mais rien n'est plus ridicule, & j'ose même assurer qu'en cet état, pourvu qu'il ne soit pas moisi & passé à la putréfaction, le levain peut être rappelé au meilleur état possible, en observant les précautions que nous venons de recommander, c'est-à-dire, en y mêlant la farine, l'eau froide, & en le renouvelant encore une fois, comme fait à peu-près le boulanger, pour raccommoder son levain lorsqu'il a perdu son. apprêt.

Terminons donc par prier avec instance la bonne Ménagère, de ne pas se mettre en œuvre pour pétrir sa pâte, qu'elle n'ait auparavant bien examiné l'état où se trouve le levain qu'elle doit employer : s'il n'est pas bien bouffant, crénelé, d'une odeur vineuse, qu'il soit au contraire aplati, crevassé & aigre, il faut absolument qu'elle le renouvelle; c'est l'affaire de trois heures pour avoir un pain meilleur, plus blanc, & j'ose assurer plus salubre.

De l'usage du Son dans le Pétrissage de la pâte.

CE n'est pas une économie de faire entrer tout le son en substance dans la composition du pain ; non-feulement parce qu'il ne nourrit pas par lui-même, mais encore à caufe des obftacles qu'il apporte néceffairement à la bonne fabrication du pain : il a encore un autre défaut capital, c'eft d'exciter l'appétit, & de paffer en entier tel qu'on l'a pris, fans être digéré ; en forte qu'il eft prouvé qu'une livre de pain, dans la compofition duquel il n'y a pas de fon, fubftante davantage qu'une livre & un quart avec du fon.

Cette obfervation, confirmée par un très-grand nombre d'expériences, & faite par des Entrepreneurs qui avoient beaucoup de monde à nourrir, leur a fait préférer de diftribuer aux ouvriers un pain moins bis & en moindre quantité ; ce changement a réuffi fingulièrement bien.

Tous les jours on dit qu'un pain ferré, groffier & bis, nourrit davantage parce qu'il tient plus long-temps dans l'eftomac ; mais c'eft précifé-ment le contraire : plus un pain a de volume, plus il doit occuper l'eftomac, qui par fa capacité a befoin d'être rempli ; or le fon eft un moyen d'empêcher le volume du pain, & par confé-quent il fait perdre à cet aliment une partie de fes effets nutritifs loin de les augmenter. La mé-thode de laiffer la totalité du fon dans la com-pofition du pain, entraîne après elle encore d'autres inconvéniens : le fon aide beaucoup à la fermentation de la farine avec laquelle il fe trouve mêlé, & il la fait bientôt gâter, fi on n'a pas la précaution de la remuer fouvent, premier inconvénient. Dans le pétriffage, le fon toujours groffier, toujours étranger à la farine, empêche l'eau de s'incorporer dans cette dernière, d'une manière auffi intime, auffi uniforme, d'où il réfulte une pâte inégale, fecond inconvénient. Les levains dans lefquels il entre du fon, font toujours très-aigres; ils perdent trop promptement l'état vineux qui leur eft néceffaire pour donner un bon apprêt à la pâte, troifième inconvénient. Le pain qui contient trop de fon, ne peut perdre fon humidité au four, il refte prefque toujours mat ou gras, ce qui en accélère la moififfure, quatrième inconvénient.

Tous ces inconvéniens, & beaucoup d'autres qu'il feroit fuperflu de rapporter ici, ont été bien fentis par le Gouvernement, qui vient d'ordonner la féparation de vingt livres de fon par fac du poids de deux cents livres de grain, qu'on emploie à la fabrication du pain de munition. Les Soldats béniront à jamais la mémoire du Miniftre éclairé, qui a déterminé le Prince bienfaifant à accorder à fes troupes une meilleure nourriture.

C'eft donc une fauffe économie, que de faire entrer, pour ne rien perdre, tout le fon dans le pain, puisqu'indépendamment des effets dont nous parlons, il n'en résulte qu'un aliment désagréable ; ainsi il vaudroit mieux en engraisser les bestiaux, que de l'employer à la fabrication du pain. Il est cependant un moyen, pour ne rien perdre, de retirer du son tout ce qu'il peut procurer au pain, en séparant le peu de farine qu'il contient encore à la faveur de l'eau, sans employer le feu : à la vérité, la mouture économique ne donne que des sons parfaitement épuisés ; mais en revanche ceux qui proviennent d'autres moutures, se trouvent chargés encore d'une excellente farine, capable de donner au pain plus de saveur, & une augmentation de poids considérable : voici de quelle manière.

On mettra le soir, la veille de la cuisson, le son à tremper dans l'eau, qui pendant la nuit pénétrera toute l'écorce, détachera insensiblement la matière farineuse, & généralement tout ce qu'elle peut avoir de nourrissant : le lendemain matin on remuera le son, que l'on pressera entre les mains pour achever la séparation de la farine & ne laisser que le bois : on passera l'eau ainsi chargée à travers une toile forte ou un tamis de crin, & elle pourra servir au pétrissage de la pâte.

Cette méthode de séparer par le lavage la

farine qui adhère obſtinément au ſon, malgré les efforts du meunier & l'exactitude de la bluterie, ne peut être comparée à celle qui a été tant vantée, & qui conſiſte à faire bouillir le ſon dans l'eau, pour en employer la décoction au pétriſſage de la pâte; le pain fabriqué qui réſulte de la première méthode a meilleur goût, eſt mieux levé & plus abondant; d'ailleurs, le ſon qui a macéré dans l'eau froide peut reſſervir encore étant mélangé avec du ſon pur, pour les beſtiaux qu'il faut remplir ou raſſaſier encore plus que nourrir.

Mais je prie la bonne Ménagère de me pardonner ſi je reviens quelquefois ſur le même objet, mon motif auprès d'elle eſt mon excuſe: je n'ai d'autre envie que de ſeconder ſes vues. Tout le ſon dans le pain augmente la maſſe & diminue le volume : l'expérience prouve que plus un pain a d'étendue, plus auſſi il eſt ſavoureux, ſalubre, nourriſſant & économique. Que puis-je rapporter de plus pour déterminer à n'employer le ſon que comme je viens de l'indiquer !

De la Levure & du Sel.

LA levure & le ſel ne ſont pas employés par-tout dans la fabrication du pain : il y a même tout lieu de préſumer que leur uſage eſt

rarement utile & jamais indifpenfable, particulièrement lorfque les grains dont on fe fert font
parfaits, & que la faifon qui les a produits a été
favorable : voici fur quoi je me crois fondé.

Dans quelques endroits où l'on braffe, &
où par conféquent la levure eft commune, elle
eft le feul levain qu'on emploie pour faire le
pain blanc : alors le peu qu'on y en met eft
toujours trop, la pâte s'apprête très-promptement
fi elle a paffé fon point, elle s'aplatit & ne
bouffe plus au four ; d'ailleurs le pain qui en
réfulte, quand bien même il ne lui feroit arrivé
aucun accident pendant la fermentation, qu'il
auroit été enfourné à fon vrai point & cuit à
propos, ce pain, dis-je, ne fauroit être comparé
à celui préparé avec du levain au lieu de levure :
s'il eft bon le premier jour, le lendemain & le
fur-lendemain il eft fec, gris, d'une faveur
amère & très-fouvent défagréable.

La levure employée en moindre quantité,
& concurremment avec le levain, ne produit
pas d'auffi mauvais effets ; mais auffi le pain
eft moins favoureux que s'il étoit fait fans
levure. Le levain foutient la pâte, la levure
au contraire la relâche : fi cette dernière eft
quelquefois néceffaire, ce n'eft que dans les
grands froids où la fermentation a befoin d'être

aidée ; alors un peu de levure réuffit affez bien ;
on la délaye, non pas comme on le confeille
dans les levains, mais dans l'eau tiède, tout en
baffinant la pâte : autrement, je le répète, la
levure n'eft pas effentielle dans le pain, &
on peut fans rifques s'épargner cette dépenfe
qui eft fuperflue.

Il eft des provinces où l'on ne fait pas de
pain, de quelqu'efpèce qu'il foit, fans y introduire en même temps du fel, & il eft rare
qu'il n'y en ait pas toujours trop, au point
fouvent que la faveur naturelle & agréable de
cet aliment n'eft plus du tout fenfible.

C'eft particulièrement vers le Midi que l'ufage
de mettre du fel dans le pain eft adopté & fuivi ;
cependant les blés de ces contrées font ceux
qui ont le moins befoin de cet affaifonnement :
ils portent avec eux une faveur infiniment préférable à celle du fel, qui n'augmente pas autant
qu'on l'affure la quantité & la qualité du pain
qu'on en prépare.

Il eft vrai que fi les blés récoltés dans des
pays chauds & dans des faifons sèches, peuvent
très-bien fe paffer de fel ; il faut convenir que
ceux qui proviennent de pays froids & d'années
humides , doivent gagner par cette addition,
parce que leurs farines ont moins de faveur, &

qu'elles donnent une pâte qui n'a pas de soutien : or le sel remédiera à ces deux inconvéniens ; mais il faut en proportionner la dose, afin que le bon goût du pain se trouve plutôt développé que masqué & détruit par l'âcreté du sel quand il s'y trouve par surabondance : cette dose est à peu-près une demi-livre par quintal de farine, résultante des blés des provinces septentrionales.

Du Pétrin.

J U S Q U' À présent il n'a pas encore été question des ustensiles usités.& nécessaires pour la fabrication du pain ; nous avons supposé que la bonne Ménagère connoissoit, ou étoit à portée de connoître ceux qui sont les plus commodes & les plus indispensables à cet objet ; mais il y en a deux que l'on doit regarder comme les plus essentiels, & dont la forme peut influer sur le succès de tout l'ouvrage ; c'est le pétrin & le four, il est bon d'en dire deux mots. ·

Le pétrin, connu encore sous les noms de *maie* & de *huche*, est une auge de bois ou coffre long, plus étroit dans sa partie inférieure qu'à son ouverture, fait du bois le plus dur qu'on puisse trouver ; mais ce pétrin a l'inconvénient de permettre à l'eau de séjourner dans les angles, & de pénétrer ensuite à travers. Combien de fois n'a-t-on pas vu le levain délayé s'échapper au moment du pétriffage! il convient, pour y remédier, de garnir ces angles de farine entaffée, avant d'y verfer l'eau deftinée à faire la pâte.

Une forme plus commode de pétrin, & que l'on doit préférer à celle du carré long, c'eft le pétrin qui reffemble à peu-près à un tonneau qu'on auroit coupé dans toute fa longueur; on y remue plus aifément la pâte, elle s'y trouve plus ramaffée & difpofée à faciliter les bras du pétriffeur : on nétoye d'ailleurs beaucoup mieux ce meuble, ce qui eft un grand avantage, car on ne fauroit entretenir le pétrin dans une trop grande propreté.

Il eft inutile de donner ici les proportions que doit avoir le pétrin, puifqu'elles font réglées fur la quantité de pain qu'on a à fabriquer : il faut toujours qu'il foit beaucoup plus long que large & profond, parce que celui qui travaille la pâte a plus de moyens de la retourner, & de donner les différens mouvemens qui font né-ceffaires pour qu'elle devienne unie, légère & bien longue.

Il faut que le pétrin foit placé dans un lieu fort clair, qui ne foit ni trop chaud ni trop froid, & fitué favorablement pour le pétriffeur, afin qu'il puiffe y voir & travailler à l'aife :

s'il

s'il eſt ſous une fenêtre, on l'ouvrira en été afin
de tempérer la fermentation ; on la fermera au-
contraire en hiver, pour garantir le levain & la
pâte des impreſſions de l'air : il faut encore
que le couvercle joigne exactement, & qu'il
n'y ait pas dans le voiſinage du pétrin, d'égout
ou de matières en putréfaction.

Du Four.

TOUT le monde croit connoître la véritable
forme du four ; mais la plupart de ceux qui ſe
mêlent d'en conſtruire, manquent preſque toujours du côté des proportions qu'il doit avoir:
il eſt ordinairement plus grand qu'il ne faut,
& la chapelle ou voûte qui couvre l'âtre eſt trop
haute ; en ſorte que rien n'eſt plus rare que de
rencontrer chez une bonne Ménagère un four
bien fait.

Il conviendroit que le four fût toujours à
couvert & près de la cheminée, pour y pouvoir
entretenir la chaleur & conſommer moins de
bois : ſa forme eſt ſouvent déterminée par la
ſituation du lieu où il ſe trouve placé ; mais elle
eſt aſſez communément ovale.

On fait l'âtre du four avec de la terre glaiſe,
ou du carreau, ou des briques, ou du grès ;

D

c'est selon les ressources que l'on a. Le grès est préférable en ce qu'il garde plus long-temps la chaleur, & que les briques s'échauffent & se refroidissent trop promptement, ce qui brûle le pain sans le cuire : voici à peu-près les dimensions que devroit avoir le four d'une maïson particulière.

Sur une voûte construite solidement en briques ou en moellons, on placera l'âtre du four, qui doit être pavé & très-plane : on donnera à l'âtre une surface de cinq pieds environ de longueur, sur quatre pieds dans sa plus grande largeur ; la plus grande élévation du dôme ou chapelle au-dessus de l'âtre seroit d'un pied à un pied & demi, environnant de toutes parts le foyer, à l'exception de la partie antérieure où l'on pratiquera une ouverture, nommée la *bouche du four*, assez grande pour laisser introduire le pain : cette bouche seroit garnie d'une porte de fer, comme celle d'un poêle, bien adaptée, que l'on pourroit ouvrir & fermer à volonté, pour que la chaleur ne puisse pas se perdre, & que le pain placé à l'entrée puisse y cuire comme celui qui occupe le fond.

En pratiquant au-dessus du four une espèce de chambre, & tenant le dessous de la voûte fort propre, la bonne Ménagère pourroit retirer de ces deux endroits une très-grande utilité ; fur le haut, elle fécheroit fon grain quand il feroit humide ou trop nouveau , dans le bas elle expoferoit, en hiver , le levain & la pâte qui s'apprêtent difficilement.

M. de Puimarets, ce citoyen auffi éclairé qu'il eft refpectable, ayant appris que l'hôpital général de Brives , qui lui a les plus grandes obligations, donnoit à moudre les feigles, très-humides & gras fous la meule ; il fit égalifer & carreler en briques le deffus du four, & élever fes murailles de fix pieds de haut, en prolongeant les *euras* du four dans cette chambre, par le moyen des tuyaux de poèles, & de cette manière il procura une excellente étuve économique.

Du Pétriffage.

Du moment que le levain a été dépofé au bout du pétrin, au milieu d'une *fontaine*, ou bien placé dans une corbeille, fuivant la faifon, c'eft-à-dire, couverte & près du feu quand il fait froid, & dans un endroit frais en été ; il faut avoir l'attention, dès qu'il a acquis les caractères effentiels que nous lui avons affigné pour être employé, de ne pas le toucher, fans quoi on eft expofé à ne pas recueillir le fruit des foins qu'on a pris à ce fujet.

Si le levain , pendant qu'il parvient à son apprêt, n'étoit pas couvert, qu'il fût exposé aux insultes des enfans , des animaux domestiques, à des mouvemens brusques & violens, à des exhalaisons fétides: la fermentation alors seroit bientôt interrompue ou trop accélérée; il s'échapperoit du dedans un principe spiritueux, invisible, mais odorant; le levain s'affaisseroit, se creveroit, il passeroit en un clin-d'œil à l'aigre, & ne donneroit, étant ainsi employé, qu'un pain de mauvaise qualité : il vaudroit mieux alors se déterminer à recommencer son levain, c'est-à-dire, à le rafraîchir avec l'eau froide & de la farine, plutôt que de risquer une fournée entière.

Mais nous voici arrivés à l'instant de faire la pâte. La farine est déjà dans le pétrin avec le levain, il ne s'agit plus que de les mêler ensemble, par le moyen de l'eau froide, tiède ou chaude, & de travailler le tout vivement, fortement & à propos.

Je suppose que le levain est au point où il faut qu'il soit pour produire le meilleur effet: s'il n'a pas été mis en fontaine on en fait une, & on le met doucement, sans le rompre, sur une partie de l'eau ; on délaye très-promptement & très-exactement le levain, afin que l'eau

s'empare de l'efprit qu'il contient, l'empêche
de fe diffiper, & qu'il ne refte aucuns grumeaux.
Quand le levain eft fuffifamment délayé, on y
ajoute le reftant de l'eau, qui doit être froide
en été, pour rafraîchir le mélange échauffé par
l'action des mains & de l'air; chaude en l'hiver,
au contraire, pour produire un effet oppofé.

Le levain étant fuffifamment délayé, & pour
ainfi dire dans l'état liquide, on a l'attention
de rompre la *fontaine,* afin que tout le liquide
fe répande & foit arrêté par l'autre partie de
farine deftinée à être convertie en pain; alors
commence le pétriffage.

On ramaffe le tout enfemble, afin qu'il en
réfulte une maffe uniforme, que l'on manie bien
en la portant de gauche à droite & de droite à
gauche, la foulevant & la découpant, la divifant
avec les mains ouvertes, & non en y enfonçant
les poings fermés, en pinçant & en arrachant la
pâte avec les doigts pliés & les pouces alongés;
c'eft ce qu'on nomme *frafer.*

Cette pâte eft encore molle, un peu groffière
& inégale; on la travaille de nouveau & de la
même manière, ayant l'attention chaque fois de
ratiffer le pétrin, d'introduire enfuite dans la
maffe, avec un peu d'eau, la pâte qu'on en a
détachée : la pâte eft alors plus uniforme & plus

ferme ; cette feconde opération s'appelle *contre-frafer*.

Si l'on veut terminer le pétriffage d'une manière plus complète, il faut faire un enfoncement dans la pâte ainfi *frafée* & *contre-frafée*, y verfer de l'eau froide ou tiède. Cette eau, ajoutée après coup & incorporée à force de travail dans la pâte, achève de divifer & de confondre les parties les plus groffières de la farine, & par le mouvement continu, vif & prompt, forme du nouvel air qui rend la pâte plus tenace, plus longue, plus égale, plus légère, ce qui produit un pain plus favoureux, plus perfillé & plus blanc ; c'eft ce qu'on appelle le *baffinage* de la pâte. Ce troifième travail ne devroit jamais être négligé, il coûte peu de peine & vaut beaucoup.

Pour ajouter encore à la perfection que le baffinage donne à la pâte, on la bat en la preffant par les bords, en la pliant fur elle-même, en la preffant, l'étendant, la découpant avec les deux mains fermées & la laiffant tomber avec effort.

La pâte étant travaillée convenablement, on la retire du pétrin par parties, en la découpant & la battant encore à mefure qu'on la met en maffe fur le tour où elle refte une demi-heure afin qu'elle conferve fa chaleur & entre en levain, il faut la tourner & la divifer au contraire fur le champ lorfqu'il fait chaud.

Le pétriffage fini & la pâte fur le tour, on ratiffe le pétrin pour faire avec les ratiffures le levain de la cuiffon prochaine, on y ajoute le double de farine & de l'eau froide pour former une pâte ferme qu'on laiffe dans le lieu le plus frais de la maifon ; on ne fauroit trop blâmer la mauvaife habitude dans laquelle on eft d'a-bandonner la pâte à elle-même fans être con-tenue dans un vaiffeau quelconque, parce qu'au lieu de s'élever elle s'étend plutôt, ce qui fait un apprêt défectueux : ainfi il convient de mettre la pâte dans des paniers ou des corbeilles d'ofier qu'on faupoudre avec du petit fon ou de la farine, de peur que la pâte ne s'attache au fond ; on expofe ces paniers à l'air libre dans les temps chauds, & il faut les envelopper de couvertures & les tenir chaudement quand il fait froid.

Dans tous les temps la pâte eft comme le levain, elle demande un certain degré de cha-leur intérieurement & à l'extérieur pour s'ap-prêter doucement, lentement & par degrés, en forte qu'il eft effentiel, quand on eft obligé d'accélérer ou de tempérer la fermentation, de tâcher que les moyens oppofés qu'on emploie produifent toujours à-peu-près le même effet, c'eft-à-dire que la pâte demeure le même temps en été & en hiver. Mais ne ceffons de le répéter, parce que cela eft auffi effentiel que la préparation du levain, il faut éviter d'enfoncer les poings dans la pâte & de la fouler à force de bras (ainfi que cela fe pratique dans les campagnes & même dans la plupart des villes); on doit, au contraire, prendre la pâte par portions en l'alongeant, la foulevant, la ferrant dans les mains, en la raffemblant & la battant avec force.

Il faut encore employer fuffifamment d'eau dans le pétriffage, afin que le levain foit bien délayé & que la pâte ne foit pas trop ferme, autrement le pain feroit maffif, lourd & peu profitant; l'eau ajoutée à la pâte devient nourriffante, & c'eft un bénéfice pour la bonne Ménagère qui économifera un peu de farine & nourrira également bien fon monde; après le pétriffage de la pâte, il eft naturel de paffer à la cuiffon du pain.

De la Cuiffon du pain.

LORSQUE le levain a été pris dans fon vrai point, que le pétriffage a été bien fait, que la pâte a été tournée, diftribuée dans des paniers de différentes grandeurs, enveloppée de toiles ou de couvertures, il faut fonger à allumer le four, parce que le temps néceffaire pour le chauffer au degré convenable eft à-peu-près celui que la pâte exige pour fon apprêt.

On fe fervira, pour chauffer le four, de toutes les matières combuftibles que le territoire fournit, en évitant d'employer les bois peints, à caufe du danger dont eft pour le pain la couleur qui les recouvre; on ne fe fervira pas non plus de paille, parce que c'eft une perte pour l'engrais des terres, que ce chauffage en outre n'a pas affez de force.

Le four dans lequel on ne cuit pas tous les jours, demande davantage de bois & plus de temps pour le chauffer, c'eft ordinairement environ deux heures, d'ailleurs ce terme doit être relatif à la quantité du bois dont on fe fert, à la grandeur du four, à la groffeur & à l'efpèce de pain qu'on veut cuire.

On ne peut pas toujours concilier le moment où la pâte fera prête avec celui où le four aura affez de chaleur, puifque cela dépend encore d'une infinité de circonftances que l'expérience raifonnée faura prévoir. Il vaut mieux que ce foit le four qui attende après la pâte, parce qu'on l'entretient chaud avec peu de soin, au lieu qu'il faut recommencer l'autre quand il a passé son apprêt.

Le four doit être chauffé également & à propos, s'il l'est trop, le dessous du pain brûle & le dedans ne cuit point : quand il ne l'est pas suffisamment, il s'aplatit plutôt que de lever, il demeure mat, gras & pâteux ; il est donc important de saisir le point fixe du four.

Chacun a sa manière de connoître la chaleur du four. Les uns jettent à l'entrée une pincée de farine, si elle roussit sur le champ, la chaleur est au point convenable ; si elle noircit, il est trop chaud ; enfin si elle conserve sa couleur, le four n'est pas suffisamment chauffé : les autres frottent l'âtre ou la voûte avec un bâton, s'il en sort des étincelles, c'est signe que le four est au point qu'il faut ; mais l'habitude, quand elle n'est pas aveugle, en apprend plus que ces moyens, souvent fort équivoques. On connoît bientôt son four lorsqu'on l'a gouverné plusieurs fois.

Quand on est assuré que le four est chaud également par - tout, on ôte les tisons, on arrange la braise à côté de la bouche du four, & on nettoie bien l'intérieur avec l'écouvillon,

au bout duquel font plufieurs linges mouillés
& tords.

On doit faire attention de prendre la pâte
comme le levain, c'eſt-à-dire à ſon point,
plutôt moins que trop; pour peu qu'on ait
d'expérience à faire du pain , on s'aperçoit
bientôt à la vue quand la pâte eſt aſſez levée,
lorſqu'elle a acquis un volume aſſez conſi-
dérable, qu'elle réſiſte aux doigts qui la preſſent
ſans ſe rompre à la ſurface; l'uſage des paniers
deviendroit un indice aſſuré, parce que la pâte
parvenue à ſon apprêt ſeroit reconnue à une
hauteur marquée.

Dès que le four eſt bien nettoyé & que la
pâte a atteint le degré qu'on ſouhaite, on l'enfourne promptement en renverſant la pâte des
paniers ſur la pelle ſaupoudrée de petit ſon, afin
que le deſſus ſe trouve en deſſous; on garnit
d'abord le fond du four des plus gros pains,
on les arrange avec adreſſe les uns à côté des
autres ſans qu'ils ſe touchent : lorſque tout eſt
enfourné, on ferme la bouche du four, & on
la laiſſe quelquefois ouverte lorſqu'il eſt trop
chaud, afin que le pain cuiſe ſans brûler.

Les pains demeurent dans le four le temps
proportionné à leur volume & à leur eſpèce. Plus
le pain eſt blanc, moins il eſt long à cuire;

c'eſt environ une heure & demie pour la pâte la
plus ferme, & la moitié pour celle qui eſt la
plus légère. On ne devroit jamais faire de trop
grands pains, ils ſe forment & ſe cuiſent mal :
on s'aperçoit que le pain eſt cuit, quand en
frappant deſſus du bout du doigt, il raiſonne
avec force, & lorſqu'à la baiſure, la mie preſſée,
revient comme un reſſort.

En ôtant les pains du four, il faut les ranger
à côté les uns des autres, & ne pas les ren-
fermer qu'ils ne ſoient reſſués & parfaitement
refroidis; car depuis l'inſtant que la pâte eſt miſe
au four, juſqu'à ce que le pain qui en réſulte
ſoit parfaitement refroidi, elle exhale ſans diſcontinuer une partie de l'eau avec laquelle on
l'a pétrie.

Le pain eſt un objet trop précieux à la ſanté,
& trop avantageux, parmi les agrémens de la
vie, pour dédaigner les moyens ſimples & peu
diſpendieux de le mieux fabriquer; ce n'eſt pas
par ſa croûte que l'on peut juger toujours de
ſa qualité, il faut examiner l'intérieur, ſi la mie
eſt ſèche, ſpongieuſe, parſemée de trous égaux
entr'eux, & ayant un goût de noiſette; ſi en le
coupant elle eſt liſſe, c'eſt une preuve qu'il eſt
bon & bien fait; mais ce n'eſt pas au ſortir du

four qu'il faut s'en affurer, on doit attendre qu'il foit parfaitement refroidi.

J'en refterois-là fi le blé étoit le feul grain dont on fît du pain ; mais comme le feigle, l'orge, le blé de Turquie, le farrafin & la pomme de terre, font également réduits fous cette forme, & qu'ils font la nourriture principale d'un tiers des habitans du Royaume, je ne faurois me difpenfer de traiter en abrégé de chacune de ces farines.

Du Seigle.

LE feigle eft, après le froment, le grain dont on fait le plus d'ufage en Europe, & qui fournit le meilleur pain.

Il y a des feigles de première, de feconde, de troifième qualité : on cultive également des feigles d'hiver & de mars ; on en retire au moulin plufieurs efpèces de farines, foit par la mouture, foit par la bluterie. Les boulangers en font différens pains ; du pain blanc avec la plus belle farine, du pain de ménage en mêlant toutes les paffées ; enfin un troifième pain plus commun, dans lequel on n'introduit que les dernières farines, & que l'on peut comparer au pain bis du froment, fabriqué avec les farines dépouillées de la fleur & des gruaux.

Le feigle le plus eftimé à Paris, eft celui qui croît dans la Champagne, on doit le choifir clair, peu alongé, gros, fec & pefant; il fe conferve mieux que le blé : les mêmes caufes l'altèrent, & les mêmes moyens le garantiffent; mais quand il eft vicié il exhale une autre odeur.

Il eft exrêmement effentiel avant de porter le feigle au moulin, qu'il foit plus fec que le froment, parce qu'il eft naturellement plus humide; mais quand il a été recueilli fec, mûr & bien gardé un certain temps, on peut le moudre fans inconvéniens; trop nouveau ou trop fec, il demande les mêmes précautions, parce qu'il produiroit encore plus d'inconvéniens.

Le feigle étant pointu, plus alongé & par conféquent plus fonneux que le blé, il rend moins de farine & plus de fon : il faut tenir les meules plus rapprochées pour moudre ce grain, parce qu'il ne s'échauffe pas autant, & que d'ailleurs on ne fait ordinairement qu'un moulage.

La farine de feigle, parfaitement moulue & blutée, n'a pas l'œil jaune de celle du froment: la matière qui colore cette dernière n'y exifte pas; elle eft douce au toucher, d'un beau blanc, & exhale une odeur de violette qui la caractérife; fi on en fait une boulette avec de l'eau, la pâte qui en réfulte n'eft pas longue & tenace comme celle du blé, elle eſt au contraire courte, graſſe, s'attache aux doigts mouillés, ne ſe durcit pas promptement à l'air.

Le ſeigle que l'on cultive preſque par-tout, eſt la nourriture principale des habitans des pays froids, où il eſt ordinairement meilleur que dans les pays chauds, plus avantageux à la végétation du blé: il croît cependant en abondance dans quelques-unes de nos provinces, dont il fait pareillement la nourriture fondamentale; mais il s'en faut que le pain qu'on en prépare, ſoit également bien fabriqué dans les endroits où l'on en fait uſage; ce qui tient aux mêmes vices que nous venons de démontrer à l'égard du pain de froment : moulage peu ſoigné, levain aigre & en trop petite quantité, eau trop chaude, mauvais pétriſſage, enfin cuiſſon imparfaite, tels ſont les défauts eſſentiels qui rendent la fabrication du pain de ſeigle défectueux, & qu'on peut corriger aiſément, en ſe ſervant des mêmes moyens preſcrits pour faire avec le blé le plus médiocre un bon pain; il eſt vrai que le ſeigle ayant quelques propriétés différentes du blé, les procédés qu'on doit ſuivre pour ſa fabrication doivent auſſi varier un peu; mais les principes ſont les mêmes.

Pour faire le levain de ſeigle, on prendra

la pâte aigrie de la dernière fournée, qu'on délayera le foir, avant de fe coucher, avec de l'eau & la moitié de la farine deftinée à être employée pour le pain, au lieu du tiers comme pour le levain du froment : on fait la pâte plus ferme. On dépofe ainfi le levain, entouré de farine, au milieu d'une *fontaine*, ou bien dans des corbeilles placées fuivant que la faifon l'exigera : le lendemain matin on le trouvera parfaitement levé. On pourra également rafraîchir ce levain, fi on eft curieux d'avoir un pain plus levé & plus délicat ; mais fur-tout qu'on ne l'emploie jamais qu'il n'ait les qualités requifes, c'eft-à-dire, crevaffé, & qu'il exhale, non pas l'aigre, mais une odeur vineufe.

Pour délayer le levain de feigle, on agira de la même manière que pour celui de froment, avec cette attention feulement, que la pâte foit plus ferme d'abord, parce que le travail ne lui donne pas de confiftance, & qu'enfuite elle relâche à l'apprêt ; par la même raifon, on ne baffinera pas la pâte, on ne la travaillera pas autant, parce que la farine du feigle eft plutôt combinée avec l'eau que celle de froment.

Quand la pâte eft faite, on la tourne & on la diftribue dans des paniers ; c'eft ici fur-tout que les paniers & les corbeilles font le plus
indifpenfables

indifpenfables pour contenir la pâte de toutes parts, & favorifer la fermentation qui s'opère plus difficilement que celle du froment.

Il convient de donner à la pâte de feigle moins d'apprêt qu'à celle de froment, de l'expofer à l'air dans l'été, & couverte dans un lieu chaud quand il fait froid : ce feroit fe tromper que d'efpérer qu'elle lèvera & bouffera autant ; on doit donc l'enfourner avant que la fermentation foit achevée, parce qu'au lieu de fe gonfler au four, elle crèvera infailliblement, & s'aplatira à caufe de fon peu de vifcofité.

Le four doit être plus chauffé, pour que la chaleur faififfe fur le champ la pâte de feigle ; mais fi on veut que la cuiffon fe faffe & s'achève, il faut laiffer la porte du four ouverte, afin que le pain, qui autrement s'étendroit & s'affaifferoit bientôt, comme je viens de le dire, fi le four n'étoit pas affez chaud, puiffe fe reffuer dans l'intérieur, ce qui exige un temps plus long : on eft obligé de laiffer le pain de feigle davantage au four que celui de froment.

Le pain de feigle tient le premier rang après le pain de froment ; il a même un avantage que n'a pas ce dernier, c'eft qu'il refte frais longtemps, fans prefque rien perdre de l'agrément qu'il a dans fa nouveauté, avantage précieux pour les habitans de la campagne, qui n'ont pas le temps de cuire souvent : ce pain est assez savoureux pour n'avoir pas besoin de sel, son goût est agréable, & porte avec lui un parfum qui ne déplaît à personne.

Quels que soient nos soins dans la culture du seigle, quelques recherches que nous fassions dans les moyens d'en préparer un bon pain, jamais cet aliment ne sera aussi léger ni aussi bon que celui qu'on obtient du froment : ce qui donne le principe de cette supériorité, n'existe pas dans le seigle, ainsi que dans les autres grains farineux ; mais il ne faut pas, par rapport à cette différence, croire que le pain de seigle soit lourd comme l'on dit, qu'il ne convient qu'aux estomacs vigoureux ; sans doute quand il est dans l'état mat & gras, mais lorsqu'il est bien fabriqué, il se digère aussi aisément que le pain de froment.

Du Méteil.

Nous avons déjà examiné le froment & le seigle chacun à part ; l'un & l'autre ont des caractères particuliers qui les distinguent entre eux, & quelques propriétés communes qui les rapprochent, en sorte que mélangés, leurs effets doivent se confondre & ne former qu'un bon tout; c'eſt ce qui arrive dans l'aſſortiment des farines de la même eſpèce.

Le méteil eſt, comme l'on ſait, le mélange du froment & du ſeigle, ſemé & récolté enſemble dans des proportions différentes, ce qui a donné lieu à des dénominations connues ſous l'épithète de *méteil, gros méteil, petit méteil & blé ramé.*

Quoique les ſentimens ſoient encore partagés ſur les avantages ou les déſavantages de la culture du méteil, comme les cultivateurs, en attendant que le procès ſe juge, continuent de l'enſemencer, de le recueillir & de le faire ſervir à leur nourriture, je dois, ſans m'occuper de la queſtion, parler des moyens d'en préparer un bon pain.

Le méteil donne une farine moins jaunâtre que celle du froment non mélangé; mais auſſi elle a un autre aſpect & un goût différent: la préſence du ſeigle dans cette farine, quand bien même ce grain ne s'y trouveroit que pour un huitième, comme dans ce qu'on nomme *blé ramé,* ſe décèle à l'odeur de violette qu'elle lui communique, à l'état gras de la pâte, & à la ſaveur du pain.

Les bonnes Ménagères des villes & des campagnes, mettent quelquefois, par goût, par économie ou par habitude, un peu de ſeigle dans feur pain : fans avoir récolté de méteil, elles font moudre & bluter à part le feigle & le froment, en différentes proportions, enfuite elles ne mêlent les deux farines qui en réfultent, qu'au moment où elles veulent les employer: cette opération eft facile, il y a même du profit à ne la pas négliger ; mais il faut la faire vingt-quatre heures avant la cuiffon du pain.

Les procédés que nous avons expofés concernant la fabrication du pain de froment, doivent être les mêmes que ceux qu'il faut employer pour le pain de méteil, en général pour tous les farineux qu'on peut réduire fous cette forme ; ainfi, quiconque fera bien au fait de la bonne préparation du pain , parviendra à faire tous les pains poffibles des différens grains & de leur mélange : il y a feulement des différences légères à obferver dans les manipulations, que l'habitude éclairée & dirigée, ne tarde pas à apprendre.

Quand le levain a été compofé , fuivant les précautions dont il a été queftion à l'article de la préparation du levain du froment, on le délaye de la même manière le foir avant de fe coucher : le lendemain matin on pétrit avec force & vivacité, en foulevant la maffe, la découpant, la retournant fans l'entaffer avec les poings, ainfi qu'on a coutume de le faire dans l'opération générale du pétriffage.

. La pâte formée avec la farine de méteil, n'a jamais la longueur & la vifcofité de celle de froment, parce que le feigle qui y entre dans des proportions variées, affoiblit & partage cette qualité que le froment poffede à un fi grand degré; mais plus il y aura de ce dernier dans le méteil, plus il faudra employer de levain, tiédir l'eau, pétrir long-temps la pâte, la rendre ferme, lui laiffer moins prendre d'apprêt, l'en-fourner plus tôt, chauffer davantage le four & l'y tenir plus long-temps. On fent fort bien que le méteil eft d'autant meilleur que le blé y domine; mais contenant tantôt plus de feigle que de froment, & tantôt plus de ce dernier que du premier, ce mélange doit produire des effets différens dans la mouture, dans le produit des farines, & dans les réfultats en pain. On peut dire cependant que le méteil, pour les habitans des villes, fera toujours celui qui contiendra un tiers de feigle fur deux de froment, & que le méteil des habitans des campagnes, fera partie égale de ces deux grains, dont on aura féparé, comme cela a lieu prefque par-tout, le gros & le petit fon.

Le pain de blé-méteil, tient le milieu entre

le pain de froment & celui de feigle ; il eft bon, favoureux, très - nourriffant. Je pourrois bien entrer dans d'autres détails fur les avantages infinis de cette compofition de pain, qui participe des deux grains les plus précieux pour les Euro-péens ; mais je me fuis déjà affez étendu : paffons à l'orge.

De l'Orge.

L'ORGE, ce grain fi vanté dans l'antiquité, eft plus employé aujourd'hui dans la préparation de la bière & de l'eau - de - vie de grains, ou pour la nourriture des beftiaux, que dans la fabrication du pain.

L'orge mondé de fa première enveloppe, reffemble à peu - près, pour la couleur & la forme, au blé de mars : le meilleur eft dur, fec, pefant, fe caffant difficilement fous la dent, & préfentant dans fon intérieur, une farine affez blanche & ferrée.

La farine de l'orge eft prefque toujours dé-fectueufe, à caufe de cette première enveloppe qui s'écrafe un peu au moulin ; elle eft sèche & rude au toucher, ayant un œil rougeâtre : fi on en fait une boulette avec de l'eau, elle exhale l'odeur de celle faite de froment, mais elle n'en a ni la longueur, ni la tenacité : en étendant cette pâte, on remarque qu'elle est encore plus courte que celle du seigle.

Il est facile de juger, d'après les effets préliminaires que nous venons de rapporter sur l'orge, combien ce grain est peu susceptible de donner un pain bien fermenté : j'observerai, en passant, que toutes les fois qu'une pâte farineuse manque de liant & de viscosité, qu'elle absorbe & retient peu d'eau dans ses parties, il faut absolument la manier & la retourner à force de bras & le plus long-temps qu'on pourra; ainsi l'art de bien pétrir, en pareil cas, est aussi important que l'emploi d'un bon levain : on peut parvenir, par ce moyen, à communiquer à la pâte une partie de ce liant & de cette viscosité qui font, pour ainsi dire, l'office de charpente dans le pain.

Comme la farine d'orge a la propriété de se durcir volontiers à l'air, étant mise en boulettes avec de l'eau, il faut en premier lieu faire le levain bien ferme, dans la proportion de la moitié de la farine qu'on a dessein de transformer en pain ; ensuite le bassiner, c'est-à-dire, y répandre de l'eau, afin d'unir davantage les parties les plus grossières, de rendre le levain plus collant & plus disposé à fermenter.

On suivra pour le pétrissage de la pâte de

farine d'orge, la même conduite qu'on a tenue relativement à celle de feigle, au baffinage près, qu'il ne faudra pas manquer, fi on veut avoir un pain paffable : le baffinage & le travail ajoutent à l'effet du levain, à l'apprêt de la pâte; quant à la cuiffon, le four a befoin d'être un peu moins chauffé, & on ne doit pas y laiffer le pain auffi long-temps.

Le froment & le feigle fourniffent chacun féparément du bon pain. Perfonne ne difconvient que l'un & l'autre de ces grains, mélangés avec l'orge, lui communiquent les propriétés dont il eft privé pour pouvoir produire un pain bien conditionné : c'eft encore ce que l'expérience juftifie continuellement ; mais rien ne paroît plus ridicule, que de fourrer dans un pain déjà mat par lui-même, de l'ers ou orobe, des vefces & autres femences légumineufes, qui concourent encore à augmenter la féchereffe & la pefanteur naturelles du pain d'orge, fans qu'il foit pour cela plus nourriffant ; il vaut infiniment mieux feul, & préparé tel que nous l'indiquons.

. Le pain d'orge ordinaire eft toujours rougeâtre, fec, dur & caffant; fa mie n'eft pas molle, ni fpongieufe ; il s'émiette aifément, & quelques heures après la cuiffon, à peine conferve-t-il cette qualité qui appartient à toute efpèce de pain, celle d'être tendre au fortir du four : quelque parfait qu'il foit, en obfervant les précautions que nous avons recommandées dans la fabrication, il faut convenir qu'il fera encore bien éloigné, pour la bonté, du pain de froment & de feigle.

Du Blé de Turquie.

On cultive le blé de Turquie dans quelques-unes de nos provinces, où on en prépare de la bouillie, des gâteaux & du pain. Les Peuples qui en font leur nourriture principale ne connoiffent pas l'art de moudre, & par conféquent celui de faire du pain; ils mangent ce grain fous la forme de gâteaux, entiers, verts & cuits comme des petits pois; ils le concaffent dans des mortiers de pierre, & le réduifent fous une forme de galette.

Les grains de blé de Turquie font de la groffeur d'un pois, & récompenfent au centuple les foins qu'on donne à leur culture : on porte ce grain au moulin où on l'écrafe & on le blute, pour en féparer l'écorce ou le fon; la farine qui en provient eft rude au toucher, jaunâtre & très-favoureufe : voici le procédé particulier dont on fe fert dans le Béarn pour venir à bout d'en faire du pain.

On commence à faire bouillir une quantité
d'eau, proportionnée à la farine qu'on a deſſein
d'employer : dès qu'elle a acquis le degré d'é-
bullition, on met dans le pétrin toute la farine
qu'on deſtine à la cuite, on la diviſe en deux
portions ; c'eſt-à-dire, qu'on pratique dans le
milieu une rigole, dans laquelle on verſe une
ſuffiſante quantité d'eau bouillante, & comme
la chaleur de celle-ci ne permet pas de faire la
manœuvre avec la main, on ſe ſert d'une ſpatule
de bois, eſpèce de pelle avec laquelle on délaye
la farine, la remuant fort & long-temps, pour
en faire une pâte dure.

Quand le degré de chaleur permet de pétrir
cette pâte avec les mains, on fait un trou dans
la maſſe & on y met le levain, ayant ſoin de
le bien mêler avec la pâte qu'on pétrit de nouveau, après quoi on laiſſe la maſſe en repos,
on la couvre & on la laiſſe fermenter : pendant
ce temps on a ſoin de chauffer le four.

Lorſqu'on s'aperçoit que la pâte eſt aſſez
levée, on la délaye de nouveau avec de l'eau
froide, en quantité ſuffiſante pour lui donner
la conſiſtance d'une pâte molle, après quoi on
en remplit des terrines garnies de feuilles de
châtaignier ou de choux, qu'on a fait faner en
les approchant du feu.

Les terrines étant remplies à un pouce près, on les met au four ; la pâte s'élève en cuisant & déborde quelquefois d'un pouce, ce qui forme une croûte ; on laisse cuire autant qu'il est nécessaire : en retirant les terrines du feu, on les renverse sur une table, le pain se détache, on en sépare les feuilles, & le pain de blé de Turquie est fait.

En réfléchissant sur ce procédé, il est aisé d'apercevoir que l'eau bouillante employée en Béarn pour la préparation du pain de blé de Turquie, enlève, à l'aide de la chaleur, une matière extractive de ce grain, qui donne, avec l'espèce de travail qu'on fait subir à la pâte, le liant si nécessaire à la bonne fermentation, & sans laquelle on ne peut obtenir que de mauvais pain. Les terrines font l'office des panetons ou corbeilles, dans lesquels il faut toujours mettre la pâte, de quelque nature qu'elle soit, pour être entretenue dans une douce chaleur, & retenue de toutes parts, pour s'apprêter plus aisément & mieux.

Tout levain peut servir à faire le pain de blé de Turquie, pourvu qu'il soit abondant, nouveau & de bonne qualité : on se sert indifféremment du levain de froment ou de blé de Turquie lui-même, qu'on emploie pour le pain dont il s'agit.

Le pain de blé de Turquie, préparé comme je viens de l'énoncer, conftitue la nourriture la plus commune des habitans de la campagne; les perfonnes à leur aife en mangent auffi avec plaifir, & en font mettre dans la foupe où il mitonne fort bien : il fe conferve en hiver une quinzaine de jours; en été il fe deffèche plus vîte : il eft fujet d'ailleurs à moifir comme tout autre pain trop long-temps gardé.

Du Sarrafin.

L E Sarrafin, appelé très-improprement *blé noir*, croît volontiers par-tout : on avoit voulu profcrire la culture de ce grain, de peur qu'il ne nuisît à celle du froment; mais comme ce grain vient dans les terreins les plus maigres, qui ne rapporteroient pas en blé la femence qu'on y auroit jetée, & qu'on peut le femer après la récolte du feigle & du méteil, c'eft un moyen d'avoir deux moiffons dans une année, & on ne fauroit trop multiplier les reffources alimentaires pour les temps malheureux.

Le farrafin donne beaucoup de fon & peu de farine par conféquent; cette farine eft d'un blanc-gris, femblable à celle d'un blé qui auroit été mouillé; elle eft toujours piquée à caufe de l'écorce que les meules divifent & y répandent;

car l'intérieur de ce grain est fort blanc, mais l'enveloppe en est épaisse & noire; il seroit à souhaiter que le meunier, accoutumé à moudre le sarrasin, l'écrasât sans trop découper l'enveloppe, qu'il fit ce qu'on appelle une *mouture ronde,* dans laquelle le son est toujours large, sec & plat.

La farine de sarrasin mise en boulettes, est un tant soit peu plus longue & plus collante que celle d'orge, mais beaucoup moins que celle de la pâte du seigle, & à plus forte raison de la pâte de froment; elle exhale une odeur particulière qu'on ne sauroit définir, mais qui ne ressemble en rien à celle des grains dont nous parlons.

La pâte de la farine de sarrasin, demande presque autant de travail, pour être convertie en pain, que celle d'orge; un levain jeune en grande quantité; un pétrissage vif & prompt, sans bassinage, afin qu'elle acquierre cette tenacité, ce liant qui forme le soutien de la pâte qui est en fermentation, & la voûte du pain qui cuit; exposer cette pâte dans des paniers, placer ces paniers dans un lieu chaud pour l'apprêter, l'enfourner avant d'être à son point, enfin le laisser au four un peu plus de temps que pour l'orge, parce qu'elle est plus difficile à fe reffuer & à cuire par conféquent : voilà les feuls moyens qu'on peut mettre en ufage pour préparer avec la farine de farrafin, un pain meilleur qu'il n'eft ordinairement, fans néanmoins être encore très-bon; on a beau faire, ce pain ne refte pas frais long-temps, dès le lendemain même de fa cuiffon, il fe sèche, fe fend, s'émiette, & finit par devenir infupportable.

Quelques perfonnes ont avancé que le far-rafin nourriffoit davantage que le feigle, l'orge & le blé de Turquie, on ne fait fur quel fondement; car entre ces grains, il eft celui qui contient le plus d'écorce, & qui donne par conféquent, le moins de farine; fi on eût dit au lieu du farrafin, fa farine pure & bien dépouillée de fon, à la bonne heure, encore eft-il prouvé que l'orge eft après le froment, le grain le plus nourriffant.

On a encore attribué au pain de farrafin la vertu de refferrer, mais c'eft comme quand on prétend que le pain de froment convient aux mélancoliques, le pain de feigle aux tempé-ramens fanguins, le pain d'orge aux goûteux, celui du blé de Turquie aux gens attaqués de la pierre. Il peut bien arriver que le premier jour où l'on feroit ufage de ces pains, on s'aperçût de quelqu'altération dans l'économie animale, parce que toutes les fois que l'on change de nourriture, de quelqu'efpèce qu'elle foit, cette économie s'en reffent, mais l'habitude en eft bientôt contractée ; ainfi le pain dont on continue l'ufage, ne conferve que fa vertu alimentaire, comme toute efpèce de vin conferve la vertu corroborative ou cordiale.

Quoique le farrafin puiffe être avantageux aux cultivateurs, parce qu'il croît aifément par-tout, & mûrit affez vîte pour permettre, dans une année favorable, d'en faire deux récoltes : quoique le pain qu'on en prépare foit fain, nourriffant & fort fufceptible de fe digérer, il n'en eft pas moins vrai de dire, n'en déplaife à ceux qui le préfèrent au pain de froment, qu'il eft le plus miférable de tous les pains, après cependant le *bonpernickel.* Peut-être les Bretons & les habitans du Tirol ont-ils un moyen de moudre ce grain fans écrafer en même temps fon enveloppe, peut-être que le farrafin qui croît dans leurs contrées a plus de qualité ; toujours eft-il certain qu'un pareil pain n'eft paffable que dans une circonftance qui ne permettroit pas de s'en procurer d'autres, & où l'on eft trop heureux que les fubftances deftinées à remplacer ce qui nous manque, ne renferment rien de mal fain.

Nous avons remarqué, en parlant du pain
d'orge, que la farine de ce grain, mife en
boulettes & étendue, étoit extrêmement courte,
qu'elle fe rompoit aifément, qu'elle manquoit
de ce liant fi effentiel pour permettre à l'eau
d'entrer en grande abondance dans la pâte, &
à la fermentation de s'y établir d'une manière
convenable au travail du pain ; qu'enfin il falloit
l'affocier avec le feigle & le froment qui avoient
fuffifamment de ce liant & de cette vifcofité
pour lui en communiquer : nous confeillerions
la même chofe à l'égard du farrafin, fi ce dernier
en acquérant par fon mélange avec d'autres
grains la propriété de mieux lever, ne portoit
pas toujours avec lui un caractère qui lui eft
propre dans l'état fermenté, celui d'avoir une
légère amertume & une couleur noire.

De pareils mélanges font cependant prati-
qués dans quelques endroits : le *bonpernickel*,
par exemple, que j'ai déjà nommé plus haut,
eft un compofé de feigle, d'orge & de farrafin
dans lequel on fait tout entrer ; on y aperçoit,
même fouvent affez diftinctement, jufqu'à des
brins de paille, des femences étrangères entières
qui ont échappé à la meule ; ce compofé rend
un pain d'une couleur encore plus noire & d'une
faveur plus amère & plus fure par les procédés
défectueux

défectueux qu'on emploie à fa fabrication. La
néceffité m'a contraint, pendant la dernière
guerre, de manger de ce vilain pain avec beaucoup d'autres François qui n'en étoient pas plus
contens que moi, & j'ofe affurer, malgré tout
mon refpect pour le grand Hoffmann, & les
égards que j'ai pour ceux qui, fans examen,
ont adopté fon opinion, que fi les Weftphaliens
font forts & vigoureux, ce n'eft pas à l'ufage
d'un pain auffi déteftable, dont ils prennent à
peine une demi-livre par jour, qu'ils font
redevables de leur vigueur; mais parce que
indépendamment de leur conftitution naturelle,
qui chez eux, eft robufte dès en naiffant, ils ont
fans ceffe l'eftomac rempli de choux, & principalement de pommes de terre, ainfi que
d'autres racines potagères, qui, dans cette partie
de l'Allemagne, font excellentes & monftrueufes.

Suppofons maintenant que d'une part, on
eût beaucoup d'orge, de blé de Turquie &
de farrafin; que de l'autre, on fe trouvât
privé de la reffource du froment & du feigle;
alors ne vaudroit-il pas mieux, plutôt que
d'employer ces grains qui, feuls ou réunis, ne
donneront jamais qu'un pain de médiocre qualité,
chercher la matière collante & vifqueufe dont ils
font privés, dans quelques végétaux communs,

F

qu'on leur ajouteroit enfuite? pourquoi en
pareil cas n'auroit-on pas recours aux pommes
de terre? c'eft même la circonftance unique
où il faille réduire ces racines fous la forme de
pain, parce qu'ayant le défaut contraire à l'orge,
au blé de Turquie & au farrafin, c'eft-à-dire
que poffédant moins d'amidon que de collant
& d'humide, on ne peut abfolument, fans
addition de farine, les convertir en aliment qui
reffemble tout-à-fait au pain.

Sans doute je pourrois m'expofer à quelques
reproches, fi je n'accordois pas aux pommes
de terre, une place dans un Écrit où il s'agit
des différens pains que l'on prépare dans le
royaume; celui qu'on a fait de plufieurs manières avec ces racines, a eu trop de réputation
pour ne pas mériter également d'être indiqué ici.

Des Pommes de terre.

Il n'y a pas de plante auffi étonnante,
auffi productive, qui exige moins de la terre
& du cultivateur que les pommes de terre;
elle fe plaît dans tous les climats, tous les
terreins lui font propres, la récolte ne manque
prefque jamais, quelques mois fuffifent pour
qu'elle acquière fon accroiffement & toute fa
perfection; elle eft à l'abri des accidens que

nos moiſſons eſſuient ſi ſouvent, parce que la
maturité de la partie la plus eſſentielle, s'opère
dans l'intérieur de la terre ; enfin quiconque
a été témoin de la fécondité preſque mira-
culeuſe de cette plante, n'a pu ſans injuſtice,
lui refuſer ſon admiration.

Les pommes de terre, conſidérées du côté
de la nourriture, offrent également les plus
grandes reſſources, elles réuſſiſſent aux plus
robuſtes comme aux plus foibles, les perſonnes
de tout âge & de tout ſexe en font uſage,
ſans éprouver aucune ſuite fâcheuſe; elles ſont
ſuſceptibles d'une infinité de préparations, ſe
déguiſent de mille manières différentes, &
acquièrent dans les aſſaiſonnemens, de quoi ſe
prêter à toutes nos fantaiſies & à tous nos
goûts; en un mot, le cuiſinier dont l'art eſt
aujourd'hui ſi recherché & ſi important, trouvera dans les pommes de terre, une ample
occaſion d'exercer ſon eſprit inventif & allé-
chant; mais ce qui a droit de nous intéreſſer
le plus particulièrement, c'eſt que le bon
cultivateur, qui a l'avantage d'ignorer le luxe
& la délicateſſe des tables, peut compoſer ſon
repas frugal de pommes de terre: ces racines
cuites ſous les cendres & aſſaiſonnées de quelques
grains de ſel, deviennent un mets ſimple,

digeſtible & fort ſain : s'il reſtoit encore quelque
doute ſur leur ſalubrité, il ſuffiroit d'examiner
& d'interroger ceux qui s'en nourriſſent depuis
leur naiſſance, pour être aſſuré que les pommes
de terre ſont un des végétaux les plus précieux
à l'humanité.

Il ſeroit ſuperflu de rapporter ici tous les
moyens qu'on a tentés juſqu'à préſent, pour
faire du pain économique de pommes de terre,
en employant ces racines ſous différentes formes,
dans des proportions variées & avec pluſieurs
eſpèces de farine : je me bornerai ſeulement à
donner une recette de ce pain, elle pourra ſervir
de modèle pour tous les pains qu'on ſe pro-
poſeroit de compoſer de cette manière avec
d'autres farines que celle du froment.

Prenez la quantité que vous voudrez employer de pommes de terre, faites - les cuire
dans l'eau, ôtez-en la peau & écraſez-les enſuite
avec un rouleau de bois, de manière qu'il ne
reſte aucun grumeau & qu'il en réſulte une
pâte unie, tenace & viſqueuſe; ajoutez à cette
pâte, le levain préparé dès la veille, ſuivant
la méthode qui a été déjà expoſée, & toute la
farine deſtinée à rentrer dans la pâte, en ſorte
qu'il y ait moitié pulpe de pommes de terre
& moitié farine; pétriſſez bien le tout avec

l'eau nécessaire : quand la pâte sera suffisamment apprêtée, enfournez-la, en observant que le four ne soit pas autant chauffé que de coutume, de n'en pas fermer aussitôt la porte & de l'y laisser cuire plus long-temps : sans cette précaution essentielle, la croûte du pain seroit dure & cassante, tandis que l'intérieur seroit humide & pas assez cuit.

C'est sur-tout la farine d'orge, celle du blé de Turquie & de sarrasin qu'il faut traiter de cette manière, puisqu'elles donnent un pain infiniment meilleur, étant mêlées avec la pulpe de pommes de terre, que si elles étoient employées seules ou ensemble ; on a même remarqué qu'elles perdoient, par leur mélange avec ces racines, l'âcreté & l'amertume qu'on leur reproche, elles acquerront en même temps la faculté de nourrir plus agréablement & plus économiquement.

Les tentatives qu'on a faites pour convertir les pommes de terre en pain, sans y ajouter de la farine, n'ont eu absolument aucun succès ; mais si par malheur on se trouvoit un jour privé de tous grains ; que pour subsister il ne restât d'autres ressources que des pommes de terres en abondance (fasse le Ciel que ce temps soit loin de nous), mais enfin s'il arrivoit, ne feroit-il pas bien avantageux alors de connoître différentes façons d'accommoder ces racines, & principalement de pouvoir en faire du pain ? Voici un moyen que j'ai souvent essayé, & qui m'a constamment réussi.

On lave & on nettoie bien les pommes de terre dans plusieurs eaux; on les divise à l'aide d'une rape de fer-blanc ; la pulpe qui en provient tombe dans une grande terrine à moitié pleine d'eau propre ; on mêle & on presse le tout entre les mains : La liqueur se colore, on la passe à travers un tamis de crins, on verse de nouvelle eau sur le marc resté dans le tamis, & qu'on répète jusqu'à ce qu'il soit entièrement épuisé, & que l'eau qui en sort ne soit presque plus colorée. On trouve au fond du vase une farine déposée sur laquelle nage une eau brunâtre que l'on jette ; on en ajoute de nouvelle à plusieurs reprises pour laver cette farine qui se sèche aisément à l'air ou à la plus douce chaleur, & devient extrêmement blanche : c'est un véritable amidon.

On prend partie égale de cette farine ou amidon & de pulpe de pommes de terre, on y ajoute un peu de levure & de sel délayés & fondus dans l'eau, pour former de la totalité une masse que l'on travaille fortement & avec foin ; on l'expofe enfuite dans un lieu chaud pour lever, puis on l'enfourne; enfin on obtient par la cuiffon un pain fort blanc, favoureux & très-nourriffant : ce pain peut être qualifié, avec raifon, de *pain de pommes de terre,* pour lequel il faut néceffairement employer la farine retirée, comme je viens de l'indiquer, parce que ces racines sèchées au four & mifes enfuite en poudre, ne produiroient jamais le même effet.

Pendant que je tiens cet objet, je crois devoir obferver que l'amidon étant le principe alimentaire, par excellence, des farineux, & fe trouvant en outre répandu dans beaucoup d'autres végétaux que ceux dont l'ufage eft le plus ordinaire & qui fera toujours préférable, on pourroit féparer de ces végétaux l'amidon qu'ils renferment, de la même manière que nous l'avons décrit pour les pommes de terre, & le faire fervir enfuite au même but : ces végétaux fuffent-ils âcres, cauftiques & mordicans, tels que le pied de veau, la bryonne, le colchique, les marrons - d'inde, le glayeul, l'ellébore : l'amidon qu'on retirera de leurs racines étant bien lavé, fera toujours doux, nourriffant & falubre; femblable à la racine du magnoc d'où les Américains retirent une farine dont ils font leur principale nourriture, après en avoir féparé une liqueur qui eft un vrai poifon qu'ils rejettent : cette farine, mife fous une forme de galette, eft ce qu'ils nomment *la caffave,* dont la plupart font l'équivalent de notre pain.

Les intempéries des faifons ont quelquefois forcé pour fe nourrir, d'avoir recours à des matières dont les effets étoient directement op-pofés à nos efpérances ; il femble même que dans ces temps malheureux, la néceffité nous conduife, pour ainfi dire, la main fur les fubftances les plus pernicieufes : nous éviterons ces accidens, dont l'Hiftoire nous offre des exemples effrayans, en ne perdant pas de vue la méthode de préparer du pain de pommes de terre, avec de l'amidon retiré de quelque plante que ce foit.

Ne ceffons d'attaquer un préjugé qui paroît prendre faveur tous les jours : on propofe & on défigne continuellement une foule de végé-taux non farineux, pour convertir en pain ou pour augmenter la quantité de cet aliment, fans faire attention qu'on diminue & qu'on altère fa bonne qualité ; que la plupart des fubftances deftinées à la nourriture, perdent une grande partie de leur vertu alimentaire, dès qu'on les foumet à une préparation pour laquelle ils ne font pas propres : combien de fois, en ignorant celle qui leur convient, ne les dénature-t-on pas à grands frais !

Jouiffez mieux, excellentes Ménagères, des préfens de la Nature toujours libérale : donnez à manger à votre monde, les noix, les amandes, & prefque tous les fruits, fans aucun apprêt : faites cuire tout fimplement vos racines ou vos herbes, pour enlever ce qu'elles ont d'acrimonieux & de défagréable, ne convertiffez en pain que les fubftances farineufes reconnues fufceptibles de cette préparation ; enfin, fi vous vous déterminez à réduire les pommes de terre fous la forme de pain, que ce ne foit que dans les cas particuliers que je vous ai mis fous les yeux ; car ces racines font une forte de pain que la Providence vous préfente tout formé, elles n'ont befoin que d'être cuites dans l'eau ou fous la cendre, & relevées par quelques grains de fel, pour fournir un aliment fimple & bienfaifant.

De la Bouillie.

COMME la bouillie eft après le pain, la forme fous laquelle on emploie le plus communément les farineux, & qu'il y a des pays où l'on fe nourrit de l'un & de l'autre de ces deux alimens, dans une proportion égale entr'eux, j'ai cru, fans trop vouloir blâmer les ufages reçus, ni rien innover, pouvoir ajouter ici quelques réflexions fur cet objet.

On peut établir comme une règle générale, que la farine la plus propre à donner le pain le plus léger, fournira conftamment la bouillie la plus pefante, parce que ce liant & cette vifcofité que nous avons dit être fi effentiels à la fermentation de la pâte, fe trouvent entièrement détruits dans le travail du pain, au lieu que ces deux propriétés fe manifeftent encore davantage, après la cuiffon de la bouillie.

Il réfulte de ce qui précède, que fi le blé eft de tous les grains celui dont on fera le meilleur pain, ce fera auffi celui qui donnera la plus mauvaife bouillie, tandis au contraire, que le farrafin dont le pain eft le plus groffier, fournira la bouillie la plus délicate.

Nous le répétons, les farineux dans lefquels on introduit un levain pour y établir la fermentation, & qui ne préfentent après la cuiffon, que des maffes lourdes, ferrées, noires & amères, à la place d'une fubftance légère, blanche & favoureufe, produiront la bouillie la plus digeftible & la plus falubre.

D'après ce court expofé, il s'enfuit que fi les farineux, convertis en bouillie, n'offrent pas les avantages du pain, soit du côté de l'effet nutritif, soit par rapport à l'agrément du goût & de la commodité d'en faire usage; il n'y a point cependant à balancer: toutes les fois que ces farineux ne seront ni collans ni visqueux, il faut préférer de les réduire sous la forme de bouillie.

Le sucre contenu dans toutes les semences farineuses, devient encore plus sensible dans la cuisson de la bouillie; il change & disparoît dans la fermentation, voilà pourquoi les potages, les bouillies, les galettes qu'on prépare avec l'orge, le blé de Turquie & le sarrasin, ont toujours une saveur douce & agréable, quoique le pain qui en provient soit ou âcre, ou amer, ou fade; c'est donc contre le vœu de la Nature que l'on s'obstine à vouloir faire subir à tous les farineux indifféremment, la même préparation; il faut choisir celle qui leur convient, & faire en sorte après cela de la perfectionner.

L'expérience journalière prouve, il est vrai, que les farineux non fermentés, de quelque espèce qu'ils soient, présentent dans l'état de bouillie, une masse gluante que les sucs de l'estomac pénètrent, attaquent & dissolvent avec peine; qu'ils empâtent, remplissent & ne rassasient pas pour long-temps, qu'enfin on ne

digère aifémént la bouillie que quand on eft fort,
& qu'on s'eft habitué par degrés à ce genre
d'aliment : les grains cuits & mangés entiers,
tels que le riz, l'orge mondé & perlé, font plus
nourriffans & moins lourds que leur bouillie,
vraifemblablement parce qu'ils font encore di-
vifés & offrent plus de furfaces.

Pour que la bouillie foit moins pefante &
plus digeftible, il faut la tenir un peu de temps
fur le feu, la faire claire & cuire jufqu'à ce
qu'elle n'exhale plus l'odeur de farine, & fur-
tout y ajouter des affaifonnemens ; par ce
moyen on prévient la plupart de fes mauvais
effets ; mais de quelque manière qu'on s'y
prenne pour la préparation de la bouillie de
froment, elle eft toujours collante, tenace,
vifqueufe, & exige, de la part de l'eftomac, du
travail & de la vigueur.

On eft tellement convaincu des mauvais
effets de la bouillie de froment, que dans les
pays où l'on aime paffionnément les farineux
accommodés ainfi, on a employé différens
moyens pour détruire le collant & en prévenir
les fuites : les uns ont indiqué de faire germer
les grains, les autres de defsècher & de tor-
réfier la farine ; il y en a enfin qui ont propofé
d'y ajouter des mélanges, d'où il eft réfulté

des bouillies à la vérité moins lourdes & moins
indigeftes, mais qu'on auroit tort de comparer
pour la bonté, à celle qu'on prépare tout naturellement avec le blé de Turquie ou le farrafin.

Si la bouillie de froment, telle qu'on la fait
ordinairement, eft lourde, indigefte, & fatigue
l'eftomac des hommes vigoureux & formés,
quel mal ne doit-elle pas produire aux enfans
dont les organes font encore fi foibles & fi
délicats ? c'eft cependant dans la manière de les
nourrir dans leur jeuneffe, qu'il faut chercher
la caufe des maladies auxquelles ces êtres frêles
fuccombent fi fouvent dans le premier âge,
& avant de devenir adultes.

Mais les bonnes Ménagères font des mères
tendres, nous les invitons de confulter leurs
entrailles & de faire ufage de leurs lumières,
elles leur diront bien mieux que ne pourroient
faire les meilleurs traités, que la bouillie de
froment eft un maftic qui engorge les premières
voies, donne un chyle épais & groffier, fatigue
& furcharge l'eftomac des nourriffons, occa-
fionne des dévoiemens, des tranchées & des
vers, qu'il faut y fubftituer le pain fermenté,
délayé dans l'eau, dans le bouillon ou dans
du lait fous la forme de panade; mais fi on ne
veut pas profcrire pour les enfans la bouillie,

que ce ſoit au moins celle de l'orge, du blé
de Turquie, du ſarraſin ou de l'amidon, retiré
des grains ou des racines dont on faſſe uſage.

Du Pain.

Si l'on a ſuivi la méthode que nous avons
indiquée concernant la préparation du levain,
le pétriſſage de la pâte & la cuiſſon du pain,
c'eſt-à-dire, que l'on ait fait ſon levain avec de
l'eau froide ou tiède, & le tiers de la farine
deſtinée à être employée au pain; que l'on ait
pétri en ſoulevant la maſſe, & non pas en y
enfonçant alternativement les deux poings fermés; que l'on ait enfourné & cuit à propos,
la bonne Ménagère qui avoit toujours eu un
pain ſerré, bis & aigre avec le plus excellent
grain, parce qu'elle ſe ſervoit d'un levain paſſé,
d'eau trop chaude, d'une mauvaiſe manière de
pétrir & de mettre au four, obtiendra du même
grain, un pain blanc, de bon goût, très-
volumineux, extrêmement nourriſſant, & d'une
digeſtion infiniment plus avantageuſe pour la
ſanté.

Je n'entreprendrai pas ici l'énumération des
effets ſalutaires du bon pain; l'expérience a
prononcé depuis long-temps en ſa faveur, en
démontrant combien les farineux acquéroient

de supériorité étant réduits sous cette forme, d'après les meilleurs procédés, & combien aussi cet aliment perdoit de ses précieuses qualités quand il étoit mal fabriqué, composé de farines altérées, ou mélangé de semences pernicieuses.

Les louanges prodiguées de toutes parts au bon pain, le font regarder comme un bienfait de la Nature & le premier de nos alimens: le goût pour le pain, est celui que nous perdons le dernier, & son retour est le signe le plus assuré de la convalescence. Il convient à tout âge, en tout temps & à toutes sortes de tem-péramens; il corrige & fait digérer les autres nourritures, il influe sur nos bonnes ou nos mauvaises digestions, on peut le manger avec la viande & les autres mets, sans qu'il en change la saveur; enfin il est tellement analogue à notre constitution qu'à peine sommes-nous nés, que nous commençons déjà à montrer pour lui, une espèce de prédilection, & qu'ensuite dans le cours de la vie, nous ne nous en lassons jamais.

Il est vrai, pour que le pain réunisse toutes les bonnes qualités qu'on lui connoît & dont nous venons de tracer l'esquisse, il ne faut pas qu'on fasse entrer dans sa composition, comme il a déjà été dit, aucuns fupplémens, qui en groffiffant la maffe du pain, diminuent fon volume & fa bonté; il ne faut pas qu'il foit fpongieux, collant, mal cuit, ni le manger tout chaud au fortir du four; car il pourroit caufer des accidens & préjudicier à la fanté; mais où eft l'aliment pour lequel il ne faille pas employer quelques précautions avant d'en faire ufage! il eft fi aifé de rendre le pain toujours bienfaifant, fans qu'il en coûte plus de foins, de peines & de temps!

Il n'y a prefque pas de comparaifon à faire entre un pain mal fabriqué & celui qui a été préparé convenablement, quoique provenant du même grain, foit pour l'afpect, foit pour le goût, foit enfin pour les effets: j'ai eu fouvent l'occafion de faire remarquer cette différence l'année dernière, en voyageant en Picardie pour cet objet; je dois même témoigner ici ma très-vive reconnoiffance, aux Maires des villes où j'ai féjourné, pour avoir bien voulu me procurer toutes les facilités de remplir mes vues, c'eft particulièrement à Mondidier, que j'ai varié & multiplié mes expériences fur le pain, chacun s'y eft empreffé de m'en fournir les moyens avec autant de zèle que d'honnêteté: voici une Lettre que
les

les ·Officiers municipaux de cette ville, m'ont fait l'honneur de m'adreffer, qui, dictée par le patriotifme & la conviction, devient une preuve pratique & un réfumé des vérités contenues dans cet Avis.

Lettre des Maire & Échevins de la ville de Mondidier.

M.

« Notre ville avoit des droits particuliers fur vos lumières & fur vos découvertes; vous « vous étiez déjà montré trop bon Patriote, « en nous procurant la machine fumigatoire « de M. Pia, deftinée à fecourir les perfonnes « noyées, pour ne pas vous empreffer de nous « communiquer les procédés fur le pain, dont « vous aviez fait ailleurs les plus heureux effais. «

Vous connoiffez par vous-mêmes les abus « ou les préjugés qui rendoient ici la fabrica- « tion du pain, moins certaine ou défectueufe : « c'étoit une opinion prefque générale, que la « qualité des eaux s'oppoferoit toujours à la « légèreté du pain : la craie à travers laquelle fe « filtrent nos eaux de puits, à une profondeur «

G

» de cent vingt à cent quarante pieds, fembloit
» leur donner une pefanteur & une crudité pré-
» judiciables.

» On fe croyoit obligé de faire chauffer
» davantage l'eau ; on employoit un levain
» vieux, & en petite quantité.

» Grâces à vous, Monfieur, nos reffources,
» par rapport à la fabrication du pain, font
» auffi promptes, auffi fûres & auffi abondantes
» que dans les lieux où l'on fe flattoit d'avoir
» le meilleur.

» Nos Boulangers, nos Domeftiques ont été
» d'abord étonnés & incrédules, lorfque vous
» avez annoncé que fans levure & avec de
» l'eau froide ou tiède, on pouvoit faire de
» bon pain, proportionnément aux différentes
» qualités de farines : vous aviez bien fenti
» que ce n'eft pas par des raifonnemens qu'on
» réuffit à détruire les préventions ; vous avez
» réellement mis la main à la pâte, & les
» yeux fe font ouverts ; votre méthode a été
» d'autant mieux accueillie, qu'elle eft plus
» fimple ; & c'eft-là le grand point lorfqu'il
» s'agit de faire changer la routine, il ne lui
» refte plus de prétexte dans la multiplicité des
» petites attentions, la pareffe ne fe rebute plus,
» il en coûte moins avec votre procédé pour

faire de bon pain que pour le faire mauvais, «
suivant l'ancienne routine : il est fâcheux, «
sans doute, que tous nos moulins ne puissent «
pas-être montés à l'*économie,* vous nous en avez «
rendu la différence sensible, cet heureux chan- «
gement ne pourra s'opérer que lentement, & «
par ceux qui entreprendroient le commerce «
des farines. «

Mais en attendant, vous avez convaincu les «
plus opiniâtres, qu'il étoit aisé de se procurer «
un pain plus léger, plus savoureux, & qui «
reste plus long-temps mollet. «

La farine de blé-noir, niellé, mouillé, «
perd une grande partie de ses mauvaises «
qualités par votre principe, de si facile exé- «
cution, d'augmenter la masse du levain jus- «
qu'au tiers de la farine qu'on se propose de «
convertir en pain, & cela huit heures au- «
paravant. «

Vous avez paru sensible, Monsieur, aux «
marques d'applaudissement & de satisfaction «
qu'on s'est empressé de vous donner lors des «
leçons pratiques que vous avez eu la complai- «
sance de multiplier, nous nous faisons un «
devoir de vous en réitérer ici nos remer- «
cîmens. «

Nous avons l'honneur d'être, &c. »

Je me fuis fait une loi d'écarter tout ce qui pourroit avoir l'apparence de fyftème, & de ne difcuter ici que les chofes effentielles & relatives à l'économie, c'eft dans cette vue que j'ai cru devoir me permettre encore quelques réflexions.

On eft dans l'opinion que plus le pain eft maffif, ferré, ferme & bis, moins il paffe vîte & mieux il nourrit, parce que l'on prétend qu'il refte plus long-temps dans l'eftomac, & que par conféquent il convient davantage aux hommes adonnés à des travaux & des exercices pénibles, qui ont befoin d'aliment groffier & mat pour exercer fortement ce vifcère ; mais il paroît qu'on n'a pas fait affez d'attention à la manière d'agir de la nourriture.

Plus le pain a de volume, mieux il doit nourrir, parce qu'ayant plus de furface, les fucs de l'eftomac peuvent en extraire plus aifément & plus abondamment de quoi former la matière du chyle : il ne fuffit pas en outre d'être nourri, il faut encore être lefté, il faut que les alimens raffafient & rempliffent : or, le pain qui a le plus d'étendue, eft celui qui produit le mieux cet effet ; & fabriqué, comme nous l'avons indiqué, il fera réellement plus nourriffant, vu qu'il aura plus de volume ; mais il aura encore plus de

maſſe, car l'air & l'eau y entreront en plus
grande quantité, en ſorte que quatre livres de
farine, par exemple, qui traitées d'après des
procédés défectueux, n'auroient donné que
cinq livres & demie de pain environ, en four-
niront ſix livres de la même quantité de farine,
avec beaucoup plus de volume, en ſuivant la
bonne méthode. Cette circonſtance a ſingulière-
ment frappé un Avocat célèbre de Picardie, qui
jouit avec raiſon de l'eſtime générale de ſa
province : la lettre qu'il m'a écrite à ce ſujet,
vient à l'appui de ce que je dis ici, & je dois
la faire connoître.

LETTRE de M. de la Tour, Avocat.

« J'ÉPROUVE tous les jours, Monſieur,
les avantages des bonnes leçons que vous nous «
avez données ſur la façon de faire le pain : «
celui que je mange depuis que vous êtes «
venu ici, & qui ſe fabrique ſuivant que vous «
l'avez montré à Magdeleine notre ancienne «
cuiſinière, eſt beaucoup plus léger, plus «
blanc, d'un meilleur goût & ſe conſerve plus «
long-temps frais : les pains de même volume «
que ceux que l'on faiſoit ci-devant à l'eau «
chaude, avec un petit levain qui n'étoit pas «

G iij

» rafraîchi , pèfe beaucoup moins. J'entends
» dire à la fille qui eft chargée de ce foin,
» que dans le petit four de la maifon où l'on
» faifoit cinq pains d'environ fix livres chacun,
» l'on ne pourroit les avoir aujourd'hui du même
» poids, par la raifon que leur étendue em‑
» pêchoit qu'ils ne puffent entrer dans le four,
» & qu'elle eft obligée, pour obtenir le même
» nombre de pains, de les réduire au poids de
» quatre livres; je puis vous affurer qu'ils font
» auffi grands que ceux de l'ancienne méthode
» qui pefoient fix livres: vous pouvez, à tous
» égards, compter fur ce témoignage fondé fur
» l'expérience. M.lles Bofquillon, vos parentes
» & mes refpectables voifines, continuent éga‑
» lement de fe bien trouver de votre méthode.

» Je faifis avec bien du plaifir, Monfieur,
» cette occafion de vous marquer ma reconnoif‑
» fance & celle de ma famille, de nous avoir
» procuré l'amélioration d'un aliment auffi né‑
» ceffaire à la vie, & que je regarde comme
» ayant beaucoup d'influence fur la fanté.

J'ai l'honneur d'être, &c. »

Pour peu que l'on veuille faire des effais,
on verra bientôt au poids, au volume & à

l'ufage, fi ce que nous avançons n'eft que vraifemblable; que l'on interroge d'ailleurs les manœuvres & les jardiniers des environs de Paris, dont le travail pénible ne fauroit être comparé à celui des habitans des campagnes, on apprendra encore que quoiqu'ils paroiffent avoir beaucoup de pain pour confommer dans leur journée, cette quantité eft toujours au-deffous de celle que mangent nos cultivateurs, parce que, fous le même poids, il y a moins de farine & plus de volume; ils ont cependant, plus que les manœuvres, des légumes & des fruits qui font volume; d'où vient donc cette différence, de ce que le pain du manœuvre remplit & nourrit plus complètement, tandis que celui des cultivateurs, trop maffif, ne fe développe pas en totalité dans l'eftomac.

Que l'on ne croie pas qu'en infiftant fur le volume du pain que confomme le manœuvre ou le jardinier, je prétende infinuer qu'il faudroit leur donner du pain mollet dont l'exceffive légèreté eft autant différente du pain de pâte-ferme, que ce dernier diffère du pain mal fabriqué des cultivateurs ; j'ai déjà dit que toutes les parties du grain que la mouture confond & que la bluterie préfente à part, me fembloient faites pour aller enfemble; que les farines blanches & les farines bifes avoient des propriétés différentes entr'elles, & qu'en les mêlant il en réfultoit un compofé qu'on pouvoit appeler la *farine de ménage*; le pain d'une pareille farine feroit, fans contredit, l'aliment le plus falubre & le plus fubftantiel dont l'homme du peuple feroit en état de faire ufage : mais que pourrois-je avancer ici fur les avantages du bon pain de ménage, que n'ait déjà dit d'une manière infiniment plus intéreffante l'ineftimable Auteur de l'*Avis au peuple fur fon premier befoin.*

On affure qu'il falloit autrefois quatre fetiers de blé, mefure de Paris, pour la fubfiftance d'un homme ; mais l'art de moudre s'étant perfectionné, ces quatre fetiers furent réduits à trois ; la mouture économique ayant encore opéré une réduction, deux fetiers fuffifent aujourd'hui pour produire cinq cents trente-fix livres de pain, ce qui nourrit l'homme le plus fort pendant fon année ; d'où il réfulte qu'il y a plus de moitié de profit, & que l'aliment eft plus fubftantiel & plus falubre, tandis que dans les provinces où la mouture économique n'eft pas établie, & où l'on ne fuit pas les bons procédés de boulangerie, il faut peut-être encore trois fetiers & même plus, en forte que le pain le plus cher dans son espèce qu'il soit possible de faire, est le plus mauvais & le moins nourrissant.

Quelle épargne pour la bonne Ménagère, si elle parvenoit à retirer de son grain, la totalité de farine & de pain qu'il est possible d'en avoir! non-seulement elle feroit un profit considérable sur la denrée de première nécessité, mais elle nourriroit encore sa maison plus agréablement; la santé & l'économie y trouve-roient également leur compte : un pain doux & savoureux est plus sain qu'un pain sur, pâteux & collant; un pain volumineux & bien levé, nourrit davantage qu'un pain serré & de son.

Je terminerai cet Avis par une réflexion qui a été peut-être faite avant moi : la défectuo-sité des moutures & la mauvaise fabrication du pain, renchérissent davantage le prix de cet aliment, que les années pluvieuses, les dégâts de grêle & du vent, les différens accidens qui font maigrir, noircir, rouiller & nieller les blés pendant leur végétation; c'est donc une richesse réelle & presque inconnue dans le royaume, qu'une bonne meunerie & une bonne boulangerie, puisqu'il seroit possible de ménager un tiers environ des grains qu'on y emploie, en retirant le produit en farine &

en pain qu'on peut en obtenir; d'où s'en-
fuivroit l'abondance dans la circonftance où
l'on croiroit n'avoir que le néceffaire : formons
des vœux avec les bons citoyens, pour que
ces deux Arts, les plus effentiels & les plus
importans après l'Agriculture, acquièrent dans
toutes nos provinces, le degré de perfection
dont ils font fufceptibles.

A PARIS,

DE L'IMPRIMERIE ROYALE.

M. DCCLXXVII.

TABLE

De ce qui est contenu dans cet Avis.

www.ingramcontent.com/pod-product-compliance
Lightning Source LLC
Chambersburg PA
CBHW052135090426
42741CB00009B/2085